艺术体育
高校学术研究论著丛刊

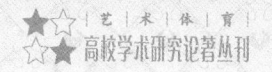

陇南武术文化研究

田 广 著

中国书籍出版社
China Book Press

图书在版编目(CIP)数据

陇南武术文化研究 / 田广著. -- 北京：中国书籍出版社，2022.5
ISBN 978-7-5068-9005-2

Ⅰ.①陇… Ⅱ.①田… Ⅲ.①武术 – 传统文化 – 文化研究 – 陇南 Ⅳ.① G852

中国版本图书馆 CIP 数据核字（2022）第 072388 号

陇南武术文化研究

田 广 著

丛书策划	谭 鹏 武 斌
责任编辑	朱 琳
责任印制	孙马飞 马 芝
封面设计	东方美迪
出版发行	中国书籍出版社
地　　址	北京市丰台区三路居路 97 号（邮编：100073）
电　　话	（010）52257143（总编室）　（010）52257140（发行部）
电子邮箱	eo@chinabp.com.cn
经　　销	全国新华书店
印　　厂	三河市德贤弘印务有限公司
开　　本	710 毫米 × 1000 毫米　1/16
字　　数	210 千字
印　　张	12.5
版　　次	2023 年 3 月第 1 版
印　　次	2023 年 3 月第 1 次印刷
书　　号	ISBN 978-7-5068-9005-2
定　　价	75.00 元

版权所有　翻印必究

序(一)

突然接到来自地处陇上江南的陇南师范学院田广先生的《陇南武术文化研究》书稿,有点诧异。初读书稿,发现这是一部涉猎范围较广,田野实证较实的地域武术文化专著。田广先生身为陇南师范学院初等教育学院书记,大量的行政工作缠身,他仍付出大量时间潜心进行研究。更令人诧异的是田广先生在按照我的参考意见对书稿修改完善后,请我为他的书稿作序。我真有点不知所措,这是我第一次写序,不知如何撰写。

诧异之余,是不尽的感触。我深深为田广先生刻苦钻研的精神所感动。作为学院书记,他时刻以党员的要求严格要求自己,处处发挥模范带头作用。作为高校教师,他通过专业理论研究,使得自己成为专业建设的引领者。竖起了一面单位行政管理与学科专业科研并举的大旗,成为师生效仿的楷模。

我对陇南武术的认识缘于全省武术比赛。历年来,陇南队参赛的队员都比较年轻,小队员们虎头虎脑,个个勇猛。说实在的,他们的技术水平有限。毕竟建队时间短,参与人数少,可选拔的范围有限。当我读了田广先生的专著后,发现陇南武术全然不能从青少年竞技武术比赛成绩这种狭隘范围来衡量,陇南庞杂的传统武术,底蕴深厚。比如,在书中看到,"随着武举制度的兴起,在陇南就有习武入仕之风,陇南礼县有武进士(探花,名黄大奎)1名,武举人14名,各级武官和武贡生以上学位的86名。康县有武举人4名。"真是了不起!从这组数据中可以看出陇南具有悠久的武术历史,武术人才辈出。陇南现有的武术流派多达十余支,知名的习武人众多。但见:毛当、王鉴、窦冲、杨令宝、杨大眼、赵㬢、吴挺、王渊、张威、丁煜……从中能够感受到陇南传统武术的魅力。

　　陇南确如田广先生所描述的,自然地理因素曾经限制着陇南的武术文化发展,这是制约其发展的一个难以回避的因素。但是,从另一个角度看,相对封闭的环境却是造就文化特色的良性空间。费尔南·布罗代尔就认为文化领地是造就特色文化的重要因素。比如,充当手杖、扁担的木棍或竹子在武器演化中,木棍成为鞭杆,竹子则没有入围,从中可以悟出自然不可抗拒的作用。相对封闭的环境的确能够有效地促进文化特色的形成,起码有充裕的独立孕育时间,在外界干扰很少的情况下,文化可以从容地发育成型。陇南地区流行的独特鞭杆技法,至今依然保留着古朴的独特风貌便是佐证。

　　除自然地理因素制约,武术更受到人文社会因素的影响。尚武的人文社会环境,造就了陇南众多以武进士的习武人。书中列举了数十位参加武举的习武人名单,他们在生活中发挥着引领和示范作用,不断地强化着当地的尚武之风。文化就是当"化人"力量不足时,"人为"的"人化"力量产生不可估量的作用,使得事物发展符合"为人"之需的结果。其中人的因素,特别是引领者的作用十分明显。时至当代,1980年在国家体委、人民日报社、中国体育报社、中国体育家协会等单位组织评选的"武林五寿星"活动中,80岁高龄依然活跃在赛场的马万青老拳师成为武林五寿星之一。身边的榜样,极大地激发了民众对武术文化价值的自豪感和自信心,进一步促进着民众习武的热情,陇南武术的文化氛围至今浓郁。

　　武术文化是社会发展、民族文化的镜子。先秦尚武造就了行侠仗义的侠士阶层,魏晋崇文中使得武术"击有术、舞有套、套有谱"。在农耕文化中,武术的技术表现多为拳脚功夫;在游牧文化中,武术的技术则呈弓马技能。在太平盛世,拳种追求养生;刀光剑影中,拳种渴望技击。武举制使习武者扬眉吐气,禁武令让习武者深思修行。外患内忧,武术是国家的身体权力;国泰民安,武术是国家的身体资本。在不同的时期、不同地域的文化背景下,武术受益于多元文化,呈现出色彩斑斓的盛况。在《陇南武术文化研究》中,我们领略到了独特、古朴的陇南武术。

　　衷心希望通过田广先生的研究成果引发更多同仁对依然保留浓郁地方色彩的陇南武术文化进行深耕、整理、创新陇南武术文化,以期激发民众主动地通过武术这种身体文化载体,科学、合理地积淀健康身体

序（一）

资本,实现强族增信,弘扬民族精神。

是为序。

河北体育学院教授
2022 年 3 月 10 日

序(二)

"陇南"是一个人文历史地理概念,也是一个时空演变的行政辖区所指,处于陇蜀文化带演进发展的关键段位上。

近二三十年来,因为研究陇南历史文化的需要,我对"陇南"的人文历史地理内涵做过一些研究。"陇",初见于秦汉文献,南北纵横于关中与陇右之间,确指今陕甘交界的陇坂、陇山,是中原与西北地区之间的天然屏障和通道要塞。《说文》云:"陇山,天水大坂也。"《汉书·扬雄解嘲》云:"响若坻颓。"东汉应劭解释说:"天水有大坂,名陇山,其旁有崩落者,声闻数百里,故曰坻颓。又曰:其坂九回,上者七日乃越,上有清水四注,下有陇,县因此水而名。"(《太平御览·地部十五·陇山条》)[1] 可见陇坂最早地望就在今天水市清水县境内,另有陇首、陇坻、陇头之别称,被誉为"秦陇锁钥""陇上门户"。稍后,"陇"所指称的陇水概念也出现于历史地理文献中。《水经注》载:"渭水又东与新阳崖水合,即陇水也。东北出陇山,其水西流。"[2] "葫芦河,古名瓦亭水或长离水,俗称陇水,发源于宁夏,由北向南流经静宁、庄浪县后,从秦安县安伏乡李河村入境,于麦积区三阳川汇入渭河。"此处郦道元察知未详,以渭河为陇水。现代方志对此做了明确的校正:"葫芦河,古名瓦亭水或长离水,俗称陇水,发源于宁夏西吉,由北向南流经静宁、庄浪县后,从秦安县安

---

[1] 李昉.太平御览:第50卷[M].北京:中华书局,1959:243.
[2] 郦道元著,陈桥驿注.水经注:17[M].杭州:浙江古籍出版社,2001:277.

伏乡李河村入境,于麦积区三阳川汇入渭河。"①

"陇南"一词未见于各版本《辞海》《辞源》和其他有影响辞书,但以组词之法蠡测,当指"陇"之南。东汉郑玄注《尚书》云:"西倾,雍州之山也,雍、戎二野之间,人有事于京师者,道当由此州而来。桓是陇坂名,其道盘桓旋曲而上,故名曰桓,是今其下民谓是坂曲为盘也,斯乃玄之别致,恐乖《尚书》因桓之义,非浮潜入渭之文。""和上,夷所居之地也,和读曰桓。""自桓水以南为夷,《书》所谓和夷厎绩也。"(《水经注》卷35"桓水")看来郑玄不仅注解了陇坂之意,而且认为源于陇坂的桓水以南为夷之聚居地,也就是《尚书》所说"和(桓)夷"所居之地。尽管后来《晋地道记》引用了郑玄"桓(陇坂)以南为夷"之说,郦道元还是看出了郑玄妄说臆断"桓水入渭"的错讹,他认为"余按《经》据《书》,岷山、西倾,俱有桓水。桓水出西倾山,更无别流"。"惟斯水耳,浮于潜、汉而达江、沔。""桓水与羌水在宕婆川城东汇合,统称羌水,与白水汇合后又统称白水。"(《水经注》卷20"漾水")桓水即今白龙江,羌水即今宕昌县岷江。同今天的实地对照,郦道元也有舛误:桓水与羌水汇合,宜继续称桓水而合于白水。郦道元对"陇"之南概念的贡献有三:其一是他把汉晋以来"陇"之南属于渭水流域的地理范围扩大到了长江流域,使这个概念更接近于事实;其二是确定了桓水为白龙江并与白水江交汇流入长江实际的地域情况;其三是明确了"陇"之南的最南界为桓水,桓水(白龙江)以南为少数民族聚居地。这个南北朝时期的"陇"之南概念,对于如今"陇南"概念的形成奠定了坚实的人文历史地理基础。

最早书面称相关"陇南"之说出现在唐代,称"陇右南"。《全唐文》卷253有《授张景顺原州都督府别驾制》云:"朝议郎殿中尚乘奉御兼陇右南牧使张景顺,襟灵俊爽,识具甄明,代嗣仆臣,家传马政。"②这里的"陇右南牧使"的称谓提出了"陇右南"的概念,无论是说"陇右"之"南牧使"还是"陇右南"之"牧使",都脱离不了"陇右南"的意义范畴。但这个"陇右南"代表的地望为原州,辖境约同今陇东,与后之"陇南"虽有所关联,但非确指。

"陇南",作为独立的历史地理之名,是在清光绪二年(1876)。据清国史馆《清史列传》"文苑"(1928年中华书局本)、赵尔巽主编《清史

---

① 天水市水利志编纂委员会.天水市水利志[M].兰州:甘肃文化出版社,2015:70.
② (清)董诰等辑.全唐文253[M].北京:中华书局,1983:36121.

序（二）

稿·董文涣传》《清史稿·任其昌传》（1976年中华书局版点校本）等文献记载：清光绪二年（1876）五月，时任巩昌府（治今陇西）秦州、阶州的巡道董文涣改原陇右道署为"陇南书院"，敦请秦州进士任其昌为书院山长，总揽书院教学、管理等一切事务，陇南书院遂成为当时甘肃境内最具声望的优秀学府。至清末，陇南书院改为陇南中学堂。这个"陇南"所称的地理范围即秦州、阶州所属地域，比今天水、陇南二市连为一体的辖区略大，晚清时在文化圈已颇多传用。如清光绪三十年（1904）进士程天锡在《阴平道歌》中云："阴平道，远在陇南龙绵西。万峰高插天，上与白云齐。桓水北来更东下，南挟白水走鲸鲵。"①

"陇南"，首次作为国家确定的地方行政区划，是在民国初。据《秦州直隶州新志》、民国版《天水县志》，民国二年（1913）一月，北洋政府推行省、县二级制，暂存道制。巩秦阶道改称陇南道，治今秦州区。撤秦州直隶州设天水县，撤阶州设武都县。民国三年一月，宁远县改称武山县。六月，陇南道改称渭川道，辖天水、秦安、清水、徽县、两当、礼县、西河（今西和）、通渭、武山、伏羌（今甘谷）、西固（今舟曲）、文县、成县、武都14县，这就是民国有名的"陇南十四县"。虽然"陇南道"的存在只有一年半的时间，且此后这些县隶属关系变动频仍，但民间和学界对"陇南十四县"一说长期沿用。国民党元老于右任1922年6月所作《陇头吟（之一）》："陇南流水向南流，处处花开倒挂牛。消却行人无限恨，众香丛里到秦州。"（见《于右任诗书》）又如民国雷士俊《陇南农民状况调查》一文，所称"陇南十四县"仍用此说，②并对当时陇南十四县"三农"问题进行了深入研究。20世纪三四十年代天水有报名《陇南日报》，社会影响甚大。此期"陇南"，因天水所属为大部，故区域外多以之指代天水，如前引诸例。

1985年5月14日，经国务院批准，武都地区更名为陇南地区，将原武都地区所属岷县划归定西地区，原天水地区的徽县、两当、西和、礼县划归新成立的陇南地区。这样，加上原有武都地区所属文县、宕昌、武都、成县、康县，陇南地区共辖九县。2004年1月11日，国务院批准撤销陇南地区，改设地级陇南市，实行市管县体制（国函〔2004〕1号）。改设原陇南地区所在地武都县为武都区，其他属县未变，形成今陇南市辖

---

① 韩博文，陈启生.陇南风物志[M].兰州：兰州大学出版社，1996：273.
② 雷士俊.陇南农民状况调查[M].上海：（民国）商务印书馆《东方杂志》，1927：第24卷第16号.

一区八县的格局。① 从历史的纵向比较看,"陇南"一名,在地理范围上是一个逐步缩小的过程,但在概念内涵上是一个逐步确定的过程,具体表现在远古"陇"之南—中古"陇右南"—近代"陇南道"—当代"陇南地区""陇南市"的这一演进历程中。② 无论以后时空如何变换,其所具备的人文内涵和特有意义都将沉淀下来,成为陇原乃至中华文明的一个不可或缺的部分,陇南武术文化即为一例。

中国武术,在西方世界称为"功夫"(Kongfu 或 Chinese Kongfu),是中国历史上经历了漫长的发生和发展后,开始形成的具有自身特点的科学体系,并不单指技击方法或者器械格斗,因而武术与书法一样,成为中华文化乃至世界文化、体育领域中璀璨的民族智慧和实践结晶。但是近数十年来,因为学科建设和教育的发展,人们往往将武术仅归入体育范畴,武术博大精深的外延部分,如阴阳五行、太极八卦等相关中国古代哲学和思想体系的方面被忽视了。武术研究在一定程度上走入误区,这就极大地遏制了武术的科学化进程和武术本身的可持续发展。③ "武术"作为一个概念,最早见于南朝萧统《文选》所收颜延之(南朝宋)四言诗《皇太子释奠会作》:"偃闭武术,阐扬文令。"其泛指军事和战争,意即"停止战争,提倡文教"。"武术"指强身自卫等技击技术,时间较晚,在明末清初才形成并流传开来。然而从文献学的角度考察,表现"技击"之武术,春秋战国就已经广为人知。《孟子》有云:"技,材力也。齐人以勇力击斩敌者,号为技击。"汉代出现"武艺"一词,用来概括"骑射、击刺"等技术,这一意义所指持续到明末清初。"武术"作为一个词语,清末才有,④ 内涵上属于技击、武艺、国术的部分交汇、融合与联系。民国中后期,逐渐将武术划归体育范畴,肯定其所具有的健身、技击两大价值,但从体育的角度未明确其运动形式和内容。新中国成立后,武术全面归入体育。1979年版《辞海》定义武术说:"我国民族体育的主要内容之一,是几千年来我国人民用于锻炼身体和自卫的一种方法,运动形式有套路和对抗等。"就很有代表性。也由此可知,研究武术重点在运动形式,即套路和对抗。发展至今,基本上认为"武术"归于中国传统体育项目或民族技击术是较为多数的观点。但问题是,中

---

① 蒲向明:《"陇南"寻源》,《陇南日报》,2007年4月7日,第4版。
② 蒲向明:《陇南现地名略考》,《陇南日报》,2007年4月28日,第4版。
③ 王岗.中国武术文化要义[M].太原:山西科学技术出版社,2009:3.
④ 范鸿雁:《现代意义武术概念的探讨》,《武术科学》,2005年第4期。

华武术的内涵要远大于这个范畴,归于"文化"意义所指,应该是比较恰当的。

基于上述理解,我们赞成一些学者对"武术"所做的一个具有复合特点的定义:"武术是指以个体技击动作为主要内容,以冷兵器或徒手而进行的套路、格斗以及相关辅助技术练习为表现形式的中国人体文化,它包括军事武术、传统武术和武术运动三个有机组成部分,也包括军事武术现在余绪的实用武术和明清传统武术产生前的过渡形态——民间武术。"[①] 这个概念首先把武术归于中华文化的范畴,全面兼顾了中国武术作为一种优秀传统文化的历史演进轨迹,又把套路、格斗、技击等核心要义和技术练习及重点运动形式等体育特质完全包容了进来,避免了片面与偏狭,意义能指也是很饱满的。在这个武术概念之下,从宏观到微观概览陇南武术文化的过去、现在与未来,我们觉得才是具有实际意义奠基的学术创新和研究突破。

陇南不仅是我国古人类的重要发祥地之一,而且从夏商周至秦,社会经济发展很快。加之它处于甘陕川毗连地带,又在南北丝绸之路和茶马古道的连接线上,汉晋以来文化的复合型特征最为鲜明。唐宋兵燹频仍,军事武术曾在这里发挥过令人难以想象的作用,正如一些方志所载,所谓十二连城、天罗地网之御敌的战略战术,都是传统武术思想、武术文化的具体实践和实际效用的检验。而在民间,陇蜀商旅与武术已经有比较明晰的互倚关系,五代王仁裕《玉堂闲话》有《村妇篇》,表现了晚唐成州(治今成县)商贸、匪患和武士剑之间的现实关联。明清陇南传统武术文化的产生与发展,主要由两个显著因素所左右:一是自然环境的迁移,灾害频发,社会环境也发生较大的更移,陇南"地处川陕要隘,民众素有尚武之风,武术以其丰富的内容和鲜明的地方特点而为传统体育项目,历史上从事武术者代不乏人,清代考取武举或武进士者,多以武术高超而获殊荣"[②];二是陇南在此期是茶马古道的重要区域,因为商业贸易的需要,陇蜀古道上"其俗尚武,稍习文辞"成为约定俗成的情况,"昔徽民狩猎习武之风较甚,尤其清同治年间城区行商民众爱好武技,一些武师广收门徒,影响较大,延至民国习武之风不衰"[③]。武术的形成与发展不在于个人的力量,而在于社会的变革与演进。陇南武术

---

① 杨祥全:《武术概念新论》,《中州学刊》,2007年第1期。
② 曾礼.武都县志[M].北京:生活·读书·新知三联书店,1998:10.
③ 徽县志编纂委员会.徽县志[M].西安:陕西人民出版社,2003:841.

作为一种文化现象,由于它特有的对社会和个人的功效及作用,并且因其功效的多层面特点,在文化的传递中具有强大的文化传递性,集中表现在防身、健身、修身三个社会功用方面。随着社会的发展,防身功能在逐渐衰退,而健身功能却越来越受到人们的青睐。关联到武术修身,在历史、现代、未来依然占据着"人"全面发展的最高层面。因为自新中国成立以来,民族的独立、人民的解放、教育的发展使得人的作用和功能出现了多方面的需求,武术对社会和个体显现出了较强的文化传递价值。

陇南武术文化的最早流传是输入型的。据田野调查和方志记载,清代中晚期就有山东籍武官在西和、宕昌一带传授"邓州拳""曾家拳""地躺拳"等优秀拳种及相关的拳法套路。宕昌武举刘毓堂解甲归田后设馆收徒,其门生在巩昌府(今陇西)乡试中举者有六人,故有"刘半榜"之称誉。清道光武探花黄大奎武艺超群,一时名满乡里。[①] 到民国时期,常有外地拳师来陇南设馆收徒传艺,如河州(今临夏)人康尚德、陕西王世忠、张家川李万林、岷县武举包玉秀、兰州王五金、临潭"筒子"匠等一批名师在宕昌献技传武,蔚然成风,影响很大。另有陇南本土武术英才外出求艺、学成归乡传习的情况,已很普遍。有"神眼猴拳王"之称的西和县王步高外出遍访名师,后投身正宗少林拳师门下勤学苦练,掌握了少林武术真谛。礼县魏振刚也是外出学习武艺,后在家乡收徒传艺。陇南民间武术在特定的地域内传播、发展,本土地方武术与外来武术的融合,形成了具有一定地域特色的陇南武术文化。

但是长期以来,系统研究陇南武术文化的著作至今未见,即便陇南九县官修方志,对武术文化的载录也极其稀少并且呈碎片化,田广教授这部《陇南武术文化研究》专著很好地填补了此方面的空白。该著作前两章,主要是对陇南武术发生发展的人文历史和特殊地域背景,做了较为全面的介绍和阐述。武术起源于民间,流布于街市和草莽,研究武术必然涉及人文环境和山川地理的关系探讨,便于追溯并揭示其流传至今的共性、意义和价值。例如其中论及陇南当地的生产生活本身就孕育了武术文化,可谓一语中的。在实际生活运用中形成的陇南鞭杆,具有实用的单招手法,后经过前贤、武师的组排编练,便形成套路。由简到繁,由少到多,成为一个体系。所以陇南有俗谚云:"陇南人,生得硬,出门

---

① 蒲向明:《陇南武探花黄大奎略考》,《陇南日报》,2008年5月11日。

不离一条棍。"

《陇南武术文化研究》重视甘陕川地域文化与陇南武术文化的关系探讨,认为陇蜀古道文化和茶马贸易,催生了武术文化并推动其进一步发展。例如陇南"脚户""背脚子"在行旅、贩运途中必须经历的赶马、防身、歇脚这些重要阶段,自始至终都要用到鞭杆,首先是发挥其防身自卫功能。因为鞭杆轻便短小,便于随身携带,适合于行走在古道上的赶马人、脚户和苦力使用并发挥意想不到的效力。从本书作者对陇南人文地理、历史环境的论述看,20世纪以来流传于陇南的百余种拳术、拳械,许多因得不到传承而消失。现今陇南地区所传习的武术主要是拳术和棍术,但是在规模、数量、传承、人数等方面都已明显缩小,不及20世纪80年代初"武术热"时期的十分之一。随着城镇化、村民进城务工等引起的社会环境改变,陇南武术逐渐失去了它生存和繁衍的环境,曾经秘密传授、制度谨严的武术体制也已土崩瓦解。陇南武术派别、门道林立的盛况也在新世纪的潮流下渐变到单一,直至于衰亡。这是与冷兵器时代的远去、网络信息时代的飞速发展所匹配的社会生产关系及其趋势相一致的。

从《陇南武术文化研究》作者多年来田野调查的情况看,那些顽强生存于陇南民间的传统武术,随着老一辈拳师的离去,许多宝贵拳种濒临流失。而现有流传下来的拳派中,真正能完整保留下来的拳术体系更是微乎其微。就传承技艺而言,多数人认为学习传统武术没有三五年的时间是无法入门的,但如今的社会现实已经不可能提供这样的机会了。[①] 所以陇南民间武术传承较好的只是在家族中传播,若家族中无人练习,则拳派基本走向衰落。总之,这本书对陇南武术历史文化背景的论述,其包涵的警示意味是挥之不去的。在工业文明和网络经济的大环境下,作为小农经济文化衍生的传统武术逐步萎缩,最终消失是一种历史的必然,武术无法回到曾经的盛年。作为陇南武术文化的研究者,所能做的就是"为往圣继绝学",以便后世能从中更多地了解往昔的陇南武术及其文化风貌。

《陇南武术文化研究》的后六章,是关于陇南武术文化的本体论研究,处于主要地位。作者按照陇南武术的演进、陇南棍术个案研究、陇南著名武将及武术文化名人、陇南武术文化相关内容研究、武术文化的社

---

① 杨占明.崆峒武术探微[M].西安:西北大学出版社,2019:117.

会功能、陇南武术文化传承与开发等七个布点展开论述,对于武术文化的演进、棍术研究和武术名贤的研究是这部分的核心。陇南武术的演进经历了一个极其漫长的历史过程,作者的视点首先从三国时期军事武术在陇南的传播溯源,然后观照了明清至民国的重点发展阶段,对外来武术流入陇南然后兴起乡间"把式"授拳,论述比较细致。这样就有利于展开对陇南武术的流派、种类和特点的全面分析,以新中国成立后陇南武术组队参赛情况收束。虽然行文的内在逻辑疏于条分缕析,但基本可以归纳出三个方面权作主脉:一是陇南武术在远古社会以来的传统中有史见证,如在宕昌、礼县和西和形成的一些派别有大化派、武家拳派、李家拳派、包家拳派、马家拳派等;二是陇南武术的主要特征和主要内容格斗(或技击)最初是在人们各类劳动(活动)的过程中形成,以师徒传承或以"社"(拳社)的形式发展;三是陇南武术活动的主体是人,其感觉、思维的发展以及语言、行动的逐步体系化是进行武术活动的先决条件或基础保障,如陇南流传较多的拳种或套路棍术、鞭杆、徒手等,基本都是代际演进、艰苦努力甚至超常付出的结果。

从武术发展史的角度看,秦汉三国以后武术开始分为两大类型:实用性较强的攻防格斗和由此提炼加工的"舞练"(即今套路)。[①] 顺应这个思路,《陇南武术文化研究》选用有代表性的棍术及其套路进行较为细致的研究。明代何良臣对"拳""棍"之说有一段论述:"学艺先学拳,次学棍,拳棍法明,则刀枪诸技,特易易耳,所以拳棍为诸艺之本源也。"[②] 这里的"艺",就是总说武术,在明代技击研究者看来,拳棍处于武术的源头地位。其实,这种看法代表了当时武术界对"拳""棍"的一种整体认识,还有戚继光在《纪效新书》、程宗猷《耕余剩技》对具备地方特色的棍术也曾新开一界之说。[③] 就陇南的棍术而言,其在长期的发展中,或源于本土,或入于外来,但经由自明清以来数代武术人的辛勤积累,形成了较为庞大的棍术体系,主体有长棍系列、条子棍系列、排子棍和鞭杆系列。此著在纷繁的陇南棍术系列中撷取特色鲜明的鞭杆、链枷棍(别名连枷棍)、排子棍、梅花棍、紫金鞭等精深论述,不吝篇幅,可谓一大特色。作者通过田野调查和挖掘方志记述,广泛搜集了陇南著名武

---

① 江百龙.武术运动丛论[M].武汉:湖北科学技术出版社,2008:9.
② (明)何良臣.阵纪·技用;雒启坤,张彦修.中华百科经典全书[M].西宁:青海人民出版社,1999:2748.
③ 康戈武.中国武术实用大全[M].北京:今日中国出版社,1990:771.

序（二）

将及武术文化名人生平事迹入书、为他们树碑立传，也大大增加了全书的武术史的厚度和分量，实在值得赞扬和肯定。

《陇南武术文化研究》充分运用了各类陇南武术文化的直接资料和间接资料，以及相关学科资料，力求以事实与史料说明问题，给论证的可靠性和可信度极大支持，很有可圈可点之处。清代大学者阎若璩在《潜丘札记》中指出："或问古学以何为难？曰不误。又问，曰不漏。"① 陇南传统武术源于中国传统文化，其思维方式深受中国传统文化的影响，具有浓郁的人本主义、群体本位及理想人格三个方面的价值取向，蕴涵着丰厚的人文思想及和谐价值观，具有极高的现实价值，可适应并满足现代社会发展之需。倘若要"不误""不漏"地达到这个前提目标，当然就要付出非常多的劳动和科研投入。田广教授和我相识相知二十余载，同好学术之谊甚深。他十年前就撰著《小学体育教学理论与实践》（吉林大学出版社2013年版）一书，有较为扎实的理论功底。从他开始陇南武术文化研究的相关项目起到酝酿这本书，然后落实写作计划，我们有诸多交流甚至商榷、研讨。说到底，武术更重要的是文化的修养。田广教授对其的调查研究不仅全在于目击，而且身体力行不乏模仿、习得和体悟陇南武术，一窥堂奥。他以大化之思领会其中精髓，把握恰切尺度，力争做到"不误"。关于此书的"不漏"，作者近年对此付出了大量时间和精力，已经做到了尽心而为，确是令人嘉许的。《中庸》说："天命之谓性，率性之谓道，修道之谓教。"传扬学术、光大武术，尤其是他作为一个立足陇南地域文化的体育人，把武术所执着追求的最高理想融入教学科研实际，不仅令人感佩良多而且心向往之。

盛世编书修史。适逢陇南市提出建设"三城"打造"五地"宏伟目标、以地域特色文化推动高质量发展战略之际，聊记所思所识，以代贺辞。期盼《陇南武术文化研究》对武术界和陇南文化发展有更多裨益。

此为序。

2022年3月18日于成县

（作者系陇南师范高等专科学校二级教授、甘肃省文化资源与华夏文明建设研究中心特约研究员）

---

① 赵俪生.日知录导读[M].北京：中国国际广播出版社，2008：192.

目 录

第一章 陇南地理人文环境及武术文化成因解析………………… 1
 第一节 陇南自然人文地理概况……………………………… 1
 第二节 陇南地域环境造就尚武之风………………………… 3
 第三节 远古文明和民族互融的历史人文环境……………… 8
 第四节 陇南自古战略要冲之地是形成陇南武术的缘由…… 14
 第五节 陇南武术名人的影响………………………………… 22
 第六节 武举制度对陇南武术的影响………………………… 24

第二章 陇南武术的演进………………………………………… 27
 第一节 陇南武术传承………………………………………… 27
 第二节 陇南武术流派………………………………………… 30
 第三节 新中国成立后陇南武术组队参赛情况……………… 35

第三章 古道对陇南武术文化的影响…………………………… 38
 第一节 陇南古道文化………………………………………… 39
 第二节 诗赋歌咏古道………………………………………… 46
 第三节 茶马古道历史文化价值……………………………… 55
 第四节 陇南古道文化催生武术的发展……………………… 60

第四章 陇南棍术个案研究……………………………………… 63
 第一节 棍的发展历程………………………………………… 63
 第二节 陇南棍术的发展……………………………………… 67
 第三节 陇南棍术个案整理研究……………………………… 74

第五章 陇南著名武将及武术文化名人………………………… 94
 第一节 陇南历代名将录……………………………………… 94
 第二节 陇南武状元及武举名录……………………………… 107

· 1 ·

  第三节 陇南武术名人录…………………………………… 117
第六章 陇南武术文化相关内容研究………………………………… 127
  第一节 武术文化与中国传统文化思想………………………… 127
  第二节 陇南民俗中的武术文化…………………………………… 134
第七章 武术及陇南武术文化的社会功能……………………………… 140
  第一节 武术文化的内涵…………………………………………… 140
  第二节 武术的政治、军事功能…………………………………… 145
  第三节 武术的教育功能…………………………………………… 147
  第四节 武术的美学价值…………………………………………… 150
  第五节 武术的健身功能…………………………………………… 154
  第六节 陇南武术的经济功能……………………………………… 157
  第七节 陇南武术构建和谐社会的作用…………………………… 163
第八章 陇南武术文化传承与开发………………………………………… 167
  第一节 陇南武术传承……………………………………………… 167
  第二节 陇南武术开发……………………………………………… 172
参考文献……………………………………………………………………… 175

第一章 陇南地理人文环境及武术文化成因解析

中国武术源远流长,它源起于中国古代的生产劳动,人们在狩猎等生产活动中逐渐积累了一些简单的技能。随着社会的进步、军事战争的频繁发生,武术发展壮大,并受各种古代哲学思想的影响而逐渐形成具有中国特色的武术文化。它已经由一门简单的实用技击术发展成为独具文化特色的民族瑰宝,如同中医、戏曲、书法、国画一样,是中国传统文化的载体,蕴涵浓厚的文化底蕴。

武术文化是中华文化的重要组成部分,民间武术更是中华武术的根。武术作为我国民族传统体育的精髓,属于中国非物质文化遗产项目。中国武术历经数千年的传承与发展,在我国浓厚的地域文化的影响下形成了众多拳种。这些拳种分布在不同地域,流传在民间,有历史传人,有群众基础,不仅凝聚着创造者和延续者的思想、文化、品格等,还在一定程度上展示了区域文化的特色。特别是由于受地方经济、生产方式、历史文化、地理环境等的影响,民间武术在长期的发展过程中形成了不同的流派和多种套路,并且在一定的地域内传播。武术界所谓"南拳北腿,东枪西棍"的说法,是对我国民间武术地域性特点有力的概括。

第一节 陇南自然人文地理概况

陇南地处秦巴山地与青藏高原东侧边缘交汇地带,位于甘肃省东南部。2004年,陇南撤地建市,原陇南地区更名为陇南市,陇南市现辖八县一区,即宕昌、文县、成县、康县、西和、礼县、徽县、两当县和武都区,总面积有2.79万平方公里,人口240多万,共有195个乡镇,3203个行政村,有回、藏等21个少数民族,少数民族人口占总人口的2%。

陇南位于甘肃省南陲,东连陕西,南接四川,西邻甘南藏族自治州,北依定西和天水市,是秦巴山地、岷山山脉和黄土高原的交汇地带,是我国大陆第二级阶梯向第三阶梯过渡的地带。西部向甘南高原过渡,北部向陇中黄土高原过渡,南部向四川盆地过渡,东部与陕西秦岭和汉中盆地连接。地理坐标在东经104°01′—106°35′,北纬32°35′—34°32′之间。陇南是甘肃省唯一属于长江水系并拥有亚热带气候的地区,被誉为"陇上江南"。境内高山、河谷、丘陵、盆地交错,地势西北高,东南低,海拔在550—4 200米之间,最高处是文县西北部雄黄山(海拔4 187米),最低点在文县东南部罐子沟(海拔550米)。气候垂直分布,地域差异明显,境内高山峡谷、丘陵盆地相互交错,气候复杂多样,分布独特,水平分带和垂直分带均十分明显,常有"一山有四季,十里不同天"的奇特景观。陇南气候温和,风光奇美,具有北国风光的雄浑奇峻,也具有南方之灵秀。

陇南地貌复杂,北部西礼山地呈现低山宽谷的黄土地貌,海拔1 800米左右;东部徽成盆地介于北秦岭和南秦岭之间,长百余公里,宽数十公里,呈现丘陵宽谷地形,海拔1 000米左右;西南部为高中山与峡谷地,高峻山岭与深陷河谷错落相接,对比显著,相对高差达1 000米以上。自西北至东南,由大拉梁、岷峨山(海拔3 552米)等高山经银洞山(海拔2 468米)、牛头山(海拔2 224米)等中山而至断头山(海拔1 804米)和金子山(海拔1 824米)等低山,重峦叠嶂,崖壁陡绝,角峰锯脊,石骨嶙峋。其间河谷幽深狭长,深切曲流,多急流险滩和瀑布。峡谷中高岸陡崖,峭立如壁。

陇南自古具有"秦陇锁钥、巴蜀咽喉"的战略地位,是大西北通往大西南的交通孔道。由于西秦岭横亘其间,重峦叠嶂,艰险异常,成为阻隔陇蜀交通的天然屏障,自古被行人视作畏途,有"蜀道之难,难于上青天"之绝唱。古代先民在高山峡谷之间,依山傍水,修建栈道,以为通途。由陇南入川沟通陇蜀之地的交通栈道主要有:第一条是由两当越故道山(今太阳山)经陕西勉县入川;第二条是由徽县经大河店至陕西略阳,沿嘉陵江谷地入川;第三条是由武都循白龙江谷地至文县碧口入川;第四条是由文县东南经单堡、刘家坪越摩天岭山口入川。由于所处地理位置战略地位极为重要,因而陇南向来都是兵家必争之地,成为历代用兵的古战场。汉光武帝"得陇望蜀",诸葛亮六出祁山,邓艾偷渡阴平,吴玠挥师抗金,李自成艰苦奔杀,太平军血战阶州,中国工农红军北上抗日,中国人民解放军南下入川,都以这里为舞台,上演了一幕幕波澜壮阔、可歌可泣的历史活剧。

陇南被正式纳入中央政权管辖范围,始于汉武帝设武都郡,武都郡的设置使陇南开始走进了中原文化的怀抱,并很快进入农耕社会。悠久的历史,秀丽的山川,为陇南孕育了一大批闻名遐迩的古迹名胜。礼县西北的祁山堡,是三国时期诸葛亮"六出祁山"之地,至今残垣仍存,古垒依旧;西和县南部仇池山,三面临水,崖壁陡峭,是南北朝时期氐族政权仇池国的军事基地;成县东南凤凰山下的杜公祠,始建于北宋,是全国纪念"诗圣"杜甫最早的祠堂之一;还有两当县的张果老洞、文县的阴平古道、康县的茶马古道、宕昌的哈达铺红军长征纪念馆等。这些表明,陇南的人文景观十分丰富。"一方水土孕育一方文化",历经数千年历史变迁,也塑造了陇南"慷慨尚武、重义轻利"这一典型的地域文化特征。

第二节 陇南地域环境造就尚武之风

地域环境可分为自然环境、经济环境和社会文化环境。这三种环境各以某种特定的实体为中心,由具有一定地域关系的各种事物的条件和状态所形成。这三种地域环境之间在地域上和结构上又是互相重叠、互动联系的,从而构成统一的整体地域环境。[①] 地域环境是人类赖以生存和发展的物质基础,也是人类意识或精神的基础。地域环境对人类社会所起的作用是具有一定决定意义的。其一,为人类的产生、生存、发展、消亡提供了物质基础。其二,决定这个环境中的一切生物及其活动,都不可避免地有一个产生、发展以至消亡的过程。其三,在这个环境中的一切物质和由物质产生的能量既不能增加,也不能减少,只能是各种形

---

① 张岱年、方可立. 中华文化概论[M]. 北京:北京师范大学出版社,1994:148.

式的转化或传递,除非来自这一环境之外,或者离开这一环境。其四,人类的一切活动必须顺应这一环境的内在规律,在此前提下利用这一环境,根据自己的需要进行加速、延缓或制止物质的某些转化和能量的某些传递。但是在具体的时间和空间范围内,在具体的人和物上,地域环境一般只起加速或延缓的作用,而不起决定性的作用,因为人类对地域环境的利用远没有达到极限,尽管这一极限是客观存在的。也就是说,尽管地域环境提供给人类的条件是有限度的,但只要人类还没有超越这一限度,就能够拥有相对无限的活动余地。在起决定作用的同时,地域环境也给人类的发展保留着相对广泛的自由,这是因为它并没有规定人类从生产到消亡的具体过程、方式和时间,并没有确定物质和能量转化和传递的具体过程、方式和时间。人类只要不违背它的内在规律,完全可以根据自己的需要利用这一环境,实现物质转化和能量传递。

地域环境在人类征服自然的历史进程中,对民族共同体的形成发展、社会政治制度的产生演变,以及习俗、艺术、宗教等各方面都曾产生过重大作用。特别是高山、深谷、大河等天然屏障,能使在一个地域生存的人们在生产方式的形成和发展中具有明显的地域特征。复杂的地理状况造成了复杂的生态环境,每一种生态环境的相对独立则为一定的文化在其中的繁衍创造了条件。

地理环境在一定程度上会影响一定地域人们的文化、生活、行为方式等,正如人们常说的"一方水土养一方人"。地理环境的差异,造就了不同类型的文化现象,促进了人类文化发展。在文化的形成及发展中,地理环境通过影响人类活动,而对文化施加影响。生活在不同的地理与物质条件下,就会使人们形成不同的生活方式与思想观念。从空间共时角度看,由于武术具有鲜明的地域特色,客观的自然生态环境决定了武术文化在武术技击、习武观念、习武生活、民间武术团体以及结社等方面形成种种鲜明的特征。生活在不同环境中的人们要想办法去适应环境,就会在一定的地域内创造出具有地域特征的文化(包括武术)。陇南山大沟深,峡谷幽长,自古交通不便,由于西秦岭横亘其间,重峦叠嶂,艰险异常,自古被行人视作畏途,诗仙李白曾往返陇蜀,涉足陇南,留下了千古绝唱《蜀道难》:"噫吁嚱,危乎高哉!蜀道之难,难于上青天!……青泥何盘盘,百步九折萦岩峦……"而青泥就是青泥岭,在今陇南徽县。这充分说明了陇南地区重峦叠嶂,崖壁陡绝,石骨嶙峋,道路艰险。不仅如此,陇南人民在远行、经商、运输物资、吆骡赶马时还要提

第一章　陇南地理人文环境及武术文化成因解析

防野兽贼人的侵扰,因此在此生活的人们就有习武强身的习惯。山川地理环境是地域文化生成发展的基点和不可或缺的自然条件。陇南自古以来是中原文明与西部少数民族文化碰撞的前沿阵地,军事文化对此也影响极大。在此特定生存环境下,陇南人民具有极其强烈的尚武剽悍之气。正如金恩忠先生在其《国术名人录》序言开篇所言:"吾中华民族,故称强悍,任侠尚义之人,慷慨悲歌之士,盖得山川大泽雄厚之气,故其人性情亢爽,体力健壮,天府神州,地理之关系使然也。"这充分说明了华夏民族任侠尚义之风的形成与地理环境有密切关系。

一、关陇文化的影响

陇南东连陕西,在历史上受关陇文化的影响极大。"关陇"一词的提出者是陈寅恪先生。陈寅恪(1890—1969年)是中国现代著名的历史学家、古典文学研究家、语言学家。他说的"关陇"是探讨西魏至唐初关陇集团之成立与发展变迁及与山东势力之关系,着重从关陇集团与山东势力之分合变迁着手把握魏周隋唐时期王朝更替的原因与规律。关陇集团是一个大的政治集团的统称,按照陈先生的观点,最初的时候,关陇集团的成员就是一群靠打仗发家的胡人,后来掌握了政权,既从事军事活动,也涉及政治事业。这个集团中大多数都是靠打仗起家的,叫作军事贵族,和以前魏晋南北朝时期大家族的人是文化人出身不同,这个集团的人是打仗打出来的家族。

关陇地区主要包括陕西省关中西部(咸阳城区以西)和甘肃省天水地区、陇东庆阳、平凉地区和陇南地区。历史上,关陇地区为丝绸古道之要冲,是古代西学东渐、东学西渐的桥梁。特殊地理位置与人文、历史的原因,形成了独特的关陇地域文化,表现出开放性与兼容性、尚武色彩浓厚、进取性与质朴性的文化品格。关陇文化既深刻影响了中国历史的进程,也内在地制约了关陇人的人格塑造、生活方式。

二、草原文化的影响

陇南西邻甘南藏族自治州,受草原文化影响。在悠久的历史岁月中,北方草原民族在生活和实践中创造了自己独特的草原文化。草原文化是我国优秀传统文化的组成部分,体现出中华文化的多样性、民族性、地域性、时代性等特征,是我国宝贵的文化遗产。草原文化是在草原环境下形成的文化以及有关草原的文化,是世代居住在草原地区的部落和民族相继创立的与草原生态相适应的一种文化。所谓的草原文化,就是世代生息在草原这一特定自然生态环境中的不同族群的人们共同创造的文化。它是草原生态环境和生活在这一环境下的人们相互作用、相互选择的结果,既具有显著的草原生态禀赋,又蕴涵着草原人民的智慧。[①]草原文化与其他文明形态最根本的区别在于其经济形态的不同,其标志性进程是伴随着草原游牧业的产生而开始的,作为草原文明所特有的经济形态,具有如下特点:

迁移性:草原文化与其他文化的区别在于文明形态不同。游牧业独特的生产资料需求决定了草原地区游牧民族必须不断迁移游走,以寻求优质的生产资料来适应生活所需。这种在自然生态优势下的生产方式导致了草原民族各部落、部族之间文化的协调与融合,并逐渐形成了以多种生产方式相结合的部落集团。这种演变过程从根本上决定了草原文化在社会制度、政治形态、文化传播、生产关系、生活方式等方面与农耕文明的文化形态存在明显的差异。

掠夺性:草原地区自然环境的限制约束与生产方式的单一性导致了生产资料的匮乏。在物资匮乏时期,游牧部落摆脱危机的方式往往是迁徙或掠夺。部落内部、部落之间的掠夺在加重社会危机的同时也加速了不同民族、不同文化的相互碰撞、摩擦与融合,在丰富了草原文化内涵的同时也加速了草原文明的发展进程。但是,这种特殊发展方式往往也成为导致部落社会经济和政治不稳定的根源。

草原文明所特有的经济形态使居住在这里的人们逐水草而居,以射猎为业,全民皆兵,崇尚英雄,养成了尚武的社会习俗,形成了人们强悍、勇猛、尚武的性格特点。

三、丝路文化的影响

陇南东临陕西,南接四川,受丝路文化影响。该地区扼秦陇巴蜀之咽喉,是连接西北与西南的桥梁。古丝绸之路也是商贸之道,古道一条

---

① 吴团英.草原文化与游牧文化[J].内蒙古社会科学(汉文版),2006(05):1-6.

第一章　陇南地理人文环境及武术文化成因解析

变为多条,呈网状辐射。在唐代文成公主嫁给松赞干布,她把茶叶带到了吐蕃,由此改变了吐蕃人的生活习惯。吐蕃的藏族生活在高寒山区,海拔都在三四千米之上,需要摄入含热量高的食物才能御寒,所以他们的食品以牛羊肉、奶制品及糌粑为主,没有蔬菜。而"茶具有化食助兴,消解油脂和提神的功能。很快成了吐蕃人不可缺少的饮品,吐蕃形成了全民饮茶的习惯,茶叶的需求量也随之剧增"[①]。吐蕃地处青藏高原地区,气候及地理条件都决定了那里不宜产茶,而云南、四川是产茶地,所以从云南、四川、长安购买茶叶。"陇蜀古道"源远流长,分散于陇南的古道有多条:"嘉陵道"介于甘陕、甘川边界,其交接地带的嘉陵江为其主干,以徽县白水镇为其枢纽的水陆兼行道。自汉至唐,由关中入汉中、巴蜀,皆由此道。"祁山道"起于西北秦州,止于陕南汉中,亦为水陆兼行道。"祁山道"路线为,秦州—盐官—祁山堡—长道—汉源(西和)—石峡关(龙门关)—太石渡(入西汉水)—谭河渡—白马关—大南峪—两河口—横现河—略阳—汉中。"沓中阴平道"是以白龙江、白水江为主干的水陆兼行道。"沓中阴平道"路线为,临潭—岷县—宕昌—武都—文县—碧口—青川—平武—江油—成都。"沓中阴平道"是将洮河、白龙江、白水江流域串接起来的一条锁链,是从甘南州腹地经陇南出走秦巴山地,东至陕西汉中,南达川北乃至成都的战略要道。"洮岷迭潘道",西北可达临夏、兰州、西宁,与北丝绸之路衔接,南下经茂县、汶川、都江堰至成都,与南丝路相连。

　　为维护疆土完整,牢固控制丝路的经营权,使民间形成练武之风,汉唐统治者采用了许多鼓励习武的办法。唐朝初实行府兵制,农民平时种田,农闲时接受军事训练。和平时期轮流到京城守卫或驻守边防,有战事时,就应征出战。这种兵民合一的政策使武术在民间广泛传播开来,使全社会都兴起了尚武、习武之风,也使武术逐渐从军事武艺中分离出来,向套路化迈进了一大步。

　　陇南连接南北丝路,也是繁忙的茶马古道,促进了民族的大融合,增进了文化的交流。行走在古道上的"脚户"和"背脚子"在防身和"打拐"中创编了短小精悍的鞭杆套路,行走在繁忙的茶马古道上的商旅同时也把外地武术文化带入陇南地域,使陇南的武术更加繁荣。

---

① 陈保亚.茶马古道的历史地位[J].思想战线,1992(01):74-77+82.

第三节　远古文明和民族互融的历史人文环境

据文物考古发现,西和县长道镇宁家庄遗址是新石器早期文化遗存之一,与秦安大地湾、天水市赵村遗存时代大体相当,这说明在七千多年前陇南就有人类繁衍生息。华夏人文始祖伏羲就生于陇南,据《路史》记载,"伏羲生于仇夷(今西和县),长于成起(今天水市)"。伏羲是三皇五帝之首,百王之先。伏羲的诞生和功绩,从远古流传至今,历代尊为人祖,为人类的繁衍、生存探究发明了新的生产手段和生活方式,"肇启文明"。史载伏羲发展渔猎、种植,造书契,制嫁娶制度及礼仪,制琴瑟乐器,作历法,定节气,画八卦,制造兵器,等等。古书上说他是渔猎的能手,教人们渔猎的本事:"宓羲氏之世,天下多兽,故教民以猎也。"在原始社会,氏族、部落的领袖都参与劳动,也兼任巫师之职,"自开辟后,五纬各居其方,至伏羲乃有消息祸福,以制吉凶。始合之以为元"。巫师是祭祀活动的主持者,是带头进行舞蹈的。在古代"巫""舞"不分。所以,伏羲当然也是最早进行歌舞祭祀活动的人物。

原始社会的歌舞要模仿打猎等生产活动,所以"舞"与"武"密不可分。在《尚书·尧典》中记述了远古祭祀歌舞的情况:"克明俊德,以亲九族……百姓昭明,协和万邦……八音克谐,无相夺伦,神人以和,夔曰:'於,予击石拊石,百兽率舞。'"夔是巫师之领舞者,他敲打石块琴磬,各氏族装扮各自图腾的形象全都舞蹈起来。这"百兽率舞"的图腾舞蹈,当为原始歌舞,亦可为原始武术。

古时舞与武是不分的,尧时还有用舞蹈强身的记录:"昔陶唐氏之始,阴多滞伏而湛积,水道壅塞,不行其原,民气郁阏而滞著,筋骨瑟缩不达,故作为舞以宣导之"。(《吕氏春秋·古乐篇》)

祭、巫、舞、武,源于原始先民生活中,部分发展延续,广传至今,是中华文化源头中灿烂辉煌的一页。

伏羲从武术起源时期即对武术的发展产生了重大影响,由于伏羲八卦与太极、阴阳五行观念的影响,中国武术讲究内外兼修、刚柔并济等。北京大学教授、我国著名民俗学家段宝林先生在他撰写的《武术的起源与人祖伏羲》一文中这样说:"伏羲作为中国最早的人文始祖,是渔猎时代的英雄,由于伏羲人文始祖的身份,中国武术一开始就带有很强的文化色彩,在古代阴阳五行八卦太极朴素辩证法的指导下,讲求内外兼修、虚实相生、刚柔相济、动静结合,又特别重视武德修养。"

一、西戎文化

"西戎"一词最早见于西周晚期注[①]的《诗经·小雅·出车》:"赫赫南仲,薄伐西戎"[②],这里的"西戎"很有可能指当时分布于周以西的獫狁[③]。至战国时期,"西戎"开始广泛出现于历史文献和出土文字中,内涵扩大,成为对西北少数民族的统称。《墨子·节葬下》中记载"尧北教乎八狄……舜西教乎七戎……禹东教乎九夷"[④],将戎与西方相结合,"西戎"逐渐成为西方少数民族的代名词,并广泛出现于战国时期的历史文献中,战国时人在追述早期历史时也将西部的少数民族称作西戎。近几十年来,考古工作者在陇山东西两侧地区发现了大量与两周时期西戎有关的考古遗存,其中部分遗存分属于寺洼文化,主要分布于甘肃中部和东部地区,年代为商代中期至春秋中晚期[⑤],学界普遍认为其族属为商周时期活动于西北地区的西戎之一犬戎[⑥]。经过科学发掘的大型遗址包括甘肃庄浪徐家碾遗址[⑦]、合水九站遗址[⑧]、西和栏桥遗址[⑨]三处。俞伟超先生也曾从考古学文化角度对西戎进行分析,指出:"大体讲来,西

---

① 目前一般认为《诗经·小雅·出车》记载的是西周宣王时事,其创作年代在西周晚期至春秋中期,见金荣权.关于《诗经》成书时代与逸诗问题的再探讨[J].诗经研究丛刊,2007,(02):130-146.
② 梁锡锋注说.诗经[M].开封:河南大学出版社,2008:368.
③ 俞正燮.俞正燮全集·癸巳存稿卷一[M].合肥:黄山书社,2005:966.
④ 孙诒让.墨子閒诂[M].北京:中华书局,2001:584.
⑤ 水涛.《甘青地区青铜时代的文化结构和经济形态研究》,《中国西北地区青铜时代考古论集》.北京:科学出版社,2001:98.
⑥ 赵化成.《甘肃东部秦和羌戎文化的考古学探索》,《考古类型学的理论与实践》.北京:文物出版社,1989:164.
⑦ 中国社会科学院考古研究所.《徐家碾寺洼文化墓地——1980年甘肃庄浪徐家碾考古发掘报告》[M].北京:科学出版社,2006.
⑧ 王占奎,水涛.《甘肃合水九站遗址发掘报告》[A].《考古学研究(三)》,北京:科学出版社,1997.
⑨ 甘肃省文物工作队,北京大学考古学系,西和县文化馆.《甘肃西和栏桥寺洼文化墓葬》[J].考古,1987(08).

戎是指源于陕西西部至甘、青地区的一些祖源相同或相近的畜牧和游牧部落的统称。"⑥马家塬墓地考古认为是东周时"西戎",发现武器和工具的随葬比例较大,种类有戈、镞、矛、剑、刀、斧等。矛一般接杆竖立于竖穴的东北角,即墓室洞门的右侧,矛杆长度在2—3.6米之间。其余的武器工具一般置于墓主身体周围,具体来说,戈多在腰部两侧,个别在腿部或头部;镞在左侧大腿至足部;铁剑在腰部或手部;刀、斧多在腰部,少数在腿部外侧。武器组合关系并不固定,相对来说,戈与镞的组合较多见,一般戈一件,镞若干,个别墓葬还出土了箭囊;另外还有少数的剑与戈、剑与镞的组合,剑和戈一般为一件,镞若干。由于西戎具有草原游牧民族的特性,体现出威猛、阳刚、强悍、尚武等特点。

二、氐、羌文化

陇南夏商是氐、羌聚居腹地,从公元296年—公元580年,陇南先后出现过仇池国、武都国、武兴国、阴平国等氐族的地方政权。宕昌国是宕昌羌族人政权,据《北史·宕昌传》记载:"自仇池以西,东西千里,席水以南,南北八百里,地多山阜,人二万余落。"宕昌羌人当时以畜牧为主业。氐羌人以陇东南为重要据点,他们以泾河、汧河、渭河、西汉水、白龙江、嘉陵江以及川北的岷江、涪江及其支流的河谷为通道,进可以向关中、西南发展,退可以保西北高原,秦汉时期势力逐渐壮大,至魏晋南北朝时期,氐羌人的势力已发展至关中。远古时期氐羌并称,为同一族群,春秋战国之际,陇右西部的羌人依旧为游牧民族,而陇右东部的羌人受汉族农耕文化影响,逐渐演变为以农业为主的民族——氐族。①从一些文献资料记载来看,秦汉之际,西起陇西,东至略阳,南达岷山以北的一大片地区,是氐人比较稳定的居住区域。②魏晋南北朝时期氐人势力迅速强大,拓展至关中并统一北方,形成强大的前秦政权。而氐人杨姓一支从杨驹始则世居陇南仇池,之后杨茂搜在仇池山一带建立了前仇池国政权。对于仇池山一带的地形及民族,《水经注·漾水》更有详细记载:汉水又东南迳瞿堆西,又屈迳瞿堆南,绝壁峭崄,孤险云高,望之形若覆唾壶。高二十余里,羊肠蟠道三十六回,《开山图》谓之仇夷……郡居河

---

① 张建昌.氐族的兴衰及其活动范围[J].兰州大学学报(社会科学版),1982(4).
② 黄烈.有关氐族来源和形成的一些问题[J].历史研究,1965(2).

池,一名仇池,池方百顷,即指此也。① 少数民族没有儒教纲常礼教的束缚,全民皆兵、崇武、尚武,妇女习武在这些民族中蔚然成风。如史载前秦苻登的皇后毛氏(氏族)"壮勇善骑射",有一次苻登受到姚氏的攻击,营垒即将失守,只见毛氏毫无惧色,仍然"弯弓骑马,率壮士数百人,与苌交战,杀伤甚众"。②《魏书·杨大眼列传》记载,杨大眼,氐族,南北朝时期北魏大将,杨大眼的妻子潘氏,善骑射,到军中探望杨大眼时,不论攻战还是游猎,潘氏也身着戎装,或齐镳战场,或并驱林壑。回营后,与诸将同坐帐下,言笑自得。杨大眼指着潘氏对诸人说:"此潘将军也。"

陇南氐、羌族在早期以游牧生活为主,民族性格具有强悍、杀伐、尚武的特点。甘肃黑山岩画——集体练操图就充分说明少数民族把习武融于生活中。黑山红柳沟位于嘉峪关市西北黑山湖附近,在山势陡峭的岩壁石上,保存着春秋至汉代羌族等民族的画像,其内容十分广泛,分为动物与人两大类,其中动物画像有马、牛、鸡、犬、鱼、鹿、虎、狼、蛇、龟、鹰、骆驼等多种;人物描绘的场面有舞蹈、围猎、射鹰、骑马、骑骆驼、虎逐牛羊、野牛相抵、狩猎、列队练武、射箭等。这十分形象地反映出当时西北游牧民族政治、经济、军事、文化的状况。岩画简略、稚拙地勾勒出了早期少数民族的生活概貌,以及与习武有关的信息符号。早期少数民族的武术雏形与舞蹈、武舞、狩猎、战争有着密切的联系。

三、秦文化

根据相关历史学家和考古专家的认定,大堡子山遗址是秦人第一陵园——西垂陵园。迄今为止,经挖掘发现,位于大堡子山上的西垂陵园总面积150万平方米,已挖掘清理墓葬坑14座,车马坑2座,出土鼎、簋、壶、剑等青铜器、金器和玉器文物300多件。③ 关于西垂,在《史记·秦本纪》中记载,"非子居犬丘""庄公居其故西犬丘""襄公立,享国十二年。初为西畤,葬西垂,生文公。文公立,居西垂宫。五十年死,葬西垂"。经过对大堡子山遗址的考证,西垂也就是西犬丘,即礼县大堡子山周围一带,是秦人称霸中原的始点。西周初年,周灭夏,秦人受累,嬴姓秦人被迁到了周人的西方边境地区——"西垂",《史记·秦本纪》中记载,

---

① 郦道元.水经注校证[M].陈桥驿,校证.北京:中华书局,2013:461.
② 任海.中国古代武术[M].北京:商务印书馆,1996:246.
③ 王志友.早期秦文化研究[D].西北大学,2007.

秦人的先祖"在西戎、保西垂";周孝王时期,即公元前891年至公元前886年,嬴姓秦人后代非子在西犬丘,即天水、礼县、西和交界一带,为周朝养马,成绩显著,周孝王便把秦地(今天水清水县境内)封给了非子,而秦人此时便掌管了西垂事务;周宣王时期,非子后代秦仲之子不其因讨伐西戎有功,被封为西垂大夫,拥有原来的秦地和西犬丘之地;到秦襄公七年,即公元前771年,秦襄公助周平王迁都洛阳有功,封秦襄公为诸侯,并把岐山(今陕西岐山县东北)以西的土地赐予他。此时,秦国才正式立国,定国都在西犬丘、西垂一带。后从秦文公开始东征,历经秦宁公、秦武公等几代人的努力,秦国逐渐发展成为西部的大国。而西犬丘之地即礼县大堡子山一带一直是秦人东进并不断发展壮大的后方稳固基地。

秦先祖大骆及其子在这里牧马养畜,繁衍生息,畜牧业有了很大的发展。非子得到周孝王赏识,赐姓嬴,封秦地为周朝的附庸,建邑秦亭(今张家川县境),为周朝牧马。又以大骆另一妻申侯女所生之子成为大骆适嗣,居住在西犬丘。成及其子孙与戎族为争夺生存环境,在这里展开了长期争斗。公元前842年,西戎攻灭西犬丘大骆之族。周宣王命非子后秦仲征伐西戎,秦仲又于公元前824年被西戎所杀。周宣王命召秦仲长子庄公兄弟5人,统兵7 000,攻破西戎,于是封秦庄公为西垂大夫,居西犬丘故地。公元前776年,西戎又围攻西犬丘,秦襄公长兄世父率兵抵抗,被西戎俘虏。公元前771年,犬戎杀周幽王于骊山下。秦襄公因拥兵护送周平王东迁洛邑有功,被周平王封为诸侯,秦正式成为诸侯。数百年中,秦人在陇南的都邑西犬丘,有过犬丘、西垂等不同的称谓,但地址未变。秦人在这里艰辛创业,奋发图强,从一个地处西部边鄙的弱小部族,发展成为周王室册封的一方诸侯,后走出陇南,统一六国,建立了中国第一个大一统的伟业。

地处西垂的秦人,很早就与戎人有着密切的联系。早在非子居西垂犬丘之前,《史记·卷五·秦本纪》中记载:"申侯乃言孝王曰:'昔我先郦山之女,为戎胥轩妻,生中潏,以亲故归周,保西垂,西垂以其故和睦。今我复与大骆妻,生适子成。申骆重婚,西戎皆服,所以为王。王其图之。'……亦不废申侯之女子为骆适者,以和西戎。"① 可见秦人早就与戎人通婚,在其祖先中潏为周王室守护西垂时,就已经在西垂与西戎和

---

① 司马迁.史记[M].北京:中华书局,1982:632.

第一章 陇南地理人文环境及武术文化成因解析

睦相处。礼县大堡子山西面的石沟坪—雷神庙(西山)构成的中心聚落,是周秦文化与西戎文化遗址对立的前沿地带,秦从最初的游牧氏族,居无定所的生活至"保西垂"开始发展农耕经济,秦人祖先具有游牧民族的特征。从春秋中期开始,秦发展中因出现了较多的外来文化因素而使其文化结构日渐复杂。秦人祖先是以狩猎、畜牧为主的游牧民族,《史记·秦本纪》中说伯益"佐舜调训鸟兽",伯益之后秦人祖先的事迹都与畜牧、狩猎有关,如费昌、孟戏、仲衍等都是以善"御"而驰名,"恶来有力,蜚廉善走"。还有一些资料记载恶来能"手裂兕虎"(《晏子春秋》)。从而可知,秦人祖先的生活与游牧、狩猎是分不开的。直至后来,秦人的某些生活习惯还遗留着早期游牧民族的文化,这种游牧文化的特质也渗透于秦后来的发展中。钱穆先生说:"游牧文化起于内不足,内不足则需向外寻求,因此而为流动的,进取的……于是具有强烈之'战胜与克服欲'……无论对世界观或人生观,皆有一种强烈之'对立感',于是而'尚自由''争独立',此乃与其战胜克服之要求相呼应。故此种文化之特性常见为'征伐的''侵略的'。"这对秦在以后的历史变迁中善骑射、骁勇善战,积极外向型的发展起到了不可替代的作用。因为秦人与西戎杂处,与之战争、通婚,在频繁的接触和共同的生活中,早期秦文化逐渐吸纳了戎族人的某些文化特质,秦人身上融合了西戎尚勇、剽悍的性格。

秦人以武力打天下,加之身处山地高原的独特地理环境中,又与戎狄杂居以及长期处于战争环境,因此孕育了秦人尚武好战、重战、乐战的精神品格。《诗经》中反映秦地的诗《秦风》,与关东诸国诗歌风格显然不同,诗中充溢的是强烈的尚武精神和悲壮慷慨的情调,如《秦风》中的《小戎》《驷铁》《黄鸟》《无衣》等。《诗经·秦风》中的《无衣》一诗是表现秦人尚武精神的诗篇。

> 岂曰无衣?与子同袍。王于兴师,修我戈矛。与子同仇!
> 岂曰无衣?与子同泽。王于兴师,修我矛戟。与子偕作!
> 岂曰无衣?与子同裳。王于兴师,修我甲兵。与子偕行!

这首慷慨激昂的军歌,表现了秦人士兵同仇敌忾的精神和饱满旺盛的斗志。在与西戎长期的斗争中,秦人能够取得最后的胜利并"独霸西方",足以说明他们在英勇好战方面一点不次于戎族,这种品质不仅是在战争中形成的,更大程度上是秦人祖先文化传承的结果。

陇南无论是夏商时的氐、羌,还是在此繁衍生息强大的秦人,都游牧养马,善骑射、狩猎。在古代,陇南地处农耕与游牧的交界地带,也是陇蜀交界,汉族与少数民族之间长期发生战争,从而使陇南人有了尚武、习武之基因,透射出剽悍、强健和勇猛之风。秦汉以来,随着中原王朝拓展疆域和移民实边,中原文化也不断在陇南传播开来,使得陇南成为一块人文荟萃之地。古老而神奇的陇南,吸引了历代无数文人学士心往神驰,吟咏称颂。诗圣杜甫曾寓居同谷县,创作了众多脍炙人口的诗歌,如《凤凰台》《同谷七歌》。爱国诗人陆游曾从军河池(今徽县),写出了许多激动人心的篇章。大文豪苏轼曾梦游仇池,作诗咏叹:"一点空明是何处,老夫真欲往仇池",表达了向往陇南的强烈愿望。多彩而动荡的陇南,使这片土地蕴含着深厚的人文积淀,滋育出赵壹、仇靖、王仁裕、刑澍、张绶、何宗韩、吴鹏翱等杰出的文学家、书法家、金石家和史学家,并培育出一些武将,如北魏名将杨大眼自幼习武,勇敢敏捷,尤善走行,奔跑如飞,《魏书·杨大眼列传》记载:"便出长绳三丈许,系髻而走,绳直如矢,马驰不及,见者莫不惊叹。"还有隋朝名将赵㚟,南宋时期抗金名将张威、丁煜、曹又闻、吴挺、马堃,元朝名将赵世延等,他们都以忠烈、骁勇善战而著称于史册。

第四节 陇南自古战略要冲之地是形成陇南武术的缘由

陇南是大西北通往大西南的交通孔道,是南丝绸之路和北丝绸之路的交汇处,是连接中原、西南与西北的重要交通要道,形成诸如祁山道、阴平古道、西峡道、青泥道、白水路、飞龙峡栈道、牛尾道等诸线,形成纵横交错的交通网络——"陇蜀古道",是古代先民们迁移流动的一条重要通道,是商贾来往的茶马古道,也是古代文明传播和交流的重要通道。在文化的交流过程中,同样会带来武术文化的交流与发展。历史上陇南一直具有重要的战略地位。陇南地处川陕交通要隘,素称"秦陇锁钥,巴蜀咽喉",是中原中央政权与西北少数民族接触碰撞的前哨阵地,历来为兵家必争之地,成为历代用兵的古战场。古代先民在高山峡谷之

第一章　陇南地理人文环境及武术文化成因解析

间,修建栈道为通途。

依据文化地理学相关理论,陇南武术文化是陇南地域的人们在适应自然、改造自然的过程中所形成的与武术活动有关的文化,既有武术技艺的外在形式,也有人们思维和行为方式的内涵。因此,研究陇南武术文化,就必然要包含自古至今生息于该地域,以及在该地域经历战争等活动的各个时期的人参与、传承、创造的武术活动。而各个时期的每个民族的人所从事的武术活动在数千年的时间维度内又表现为不同的内容和形式。

早在周秦时期,秦人在西犬丘(今礼县一带)同西戎相互杀伐数百年,最终打败戎人,在此建都,由此东进,雄踞关中。汉高祖元年,刘邦派曹参率兵出汉中,攻破下辨(今成县)、故道(今两当县、凤县),又派樊哙进攻西县。西汉武帝元鼎六年,汉武帝开拓西南境,遣中郎将郭昌等攻灭氐王,建立武都郡。汉朝政府的拓边政策激起了武都氐人的强烈不满,氐人多次反抗,多次被迁往酒泉郡、京兆(今西安西北)、汧(今陕西陇县南)、雍(今陕西凤翔县南)、天水(今天水)、南安(今陇西东南)、广魏(今天水县东北)等郡县之内。东汉初年汉光武帝刘秀在统一了中原以后,实力大增,乃向西北、西南进军,统一全国。东汉在与陇南地方辖据势力征战多年,留有"得陇望蜀"的感叹,先后派吴汉、岑彭、马武等南进与公孙述、隗嚣在河池(今徽县)、下辨(今成县)一带交战数十年,最终得蜀。

一、三国古战场

三国时陇南是鏖兵古战场,汉献帝建安十六年,曹操统曹仁、徐晃西渡黄河击败马超、韩遂的陇右联军。次年,策动天水、安定、南安三郡围攻卤城(今礼县盐关)。之后,又挥师南下,攻掠陇南。汉献帝建安二十二年,曹操亲率大军自陈仓、出散关、取道武都攻汉中张鲁。夏侯渊攻击下辨、故道。就在曹操经略陇南的同时,占据四川的刘备也图谋陇南。汉献帝建安二十二年冬,刘备乘曹操与孙权交战无力西固之机,派张飞、马超率吴兰、雷同等部攻占下辨,并留吴兰守下辨。第二年春,曹操派曹洪攻下辨,蜀守将吴兰逃至阴平,被当地氐豪所斩。汉献帝建安二十四年,曹操再次率军临汉中,在定军山一带与蜀军对峙两月余,因军心涣散,不得已撤回长安。这样陇南及汉中均为刘备所得。章武三年四月,刘备病死于白帝城。诸葛亮辅政,致力于北伐,希望占据陇右。相传汉丞相孔明六出祁山,指挥部就在西汉水沿岸的祁山堡上驻扎,方圆数十里,皆为屯兵之地。北魏郦道元《水经注》载:"祁山在嶓冢之西七十里许,山上有城,极为岩固,昔诸葛亮攻祁山,即斯城也。"受《三国演义》的影响,传为诸葛亮六出祁山,据史实考证,出祁山实为两次。

第一次是建兴六年(228年)春,汉丞相诸葛亮率诸军,从汉中出兵到祁山,军纪严明,声威大震,陇右的南安、天水、安定三郡不战而降。魏朝野恐惧,决心西征,派右将军张郃,率兵马步骑五万,西拒亮。汉丞相诸葛亮部将马谡督诸军前进,在街亭(秦安陇城)与张郃交锋。谡违亮节度,不听王平劝阻,舍水上山,被魏兵围困而败。亮拔西县千余户,返回汉中。收谡入狱后被杀掉,为严明军纪,丞相又上表,以痛悔的心情写道:"臣明不知人,恤事多闇,《春秋》责帅,臣职是当,请自贬三等,以督厥咎。"后亮为右将军,行丞相事。

第二次是相隔三年后,建兴九年(231年),诸葛亮又出祁山。这次在羊肠小道上,以木牛流马运送粮草,军队驻扎在上邦(天水)、卤城(礼县盐官)一带。魏明帝派大将司马懿屯长安,张郃、费曜、戴陵、郭淮等率兵出天水。三月,司马懿使费曜、戴陵留精兵四千守上邦,其余部将率兵围攻祁山,被亮破之。后蜀兵在陇上等处抢收麦子,与魏兵遭遇。懿在天水敛军依险固守,不出迎战,亮引退去,懿尾追其后,赶至卤城,对峙多日。夏五月,懿派张郃攻亮,亮派魏延、高翔、吴班迎战,魏兵大败,亮获甲首3 000级,玄铠5 000领,角弩3 100张,胜利而归。六月,亮听报军中无粮,准备退师,司马懿又指派张郃追亮,在天水木门道交战,郃被乱箭射死。之后亮因粮缺少,又一次撤回了北进的兵马。

诸葛亮死后,蜀后主任姜维为凉州刺史,统辖武都、阴平等地事务。蜀汉后主受任姜维为蜀卫大将军,得以参决政事。此后,他继承诸葛亮的北伐事业,先后七次北伐,六次兵出陇南。

魏元帝景元四年,曹魏大将邓艾父子过宕昌、武都入阴平道,率三万余人越摩天岭,裹毡滚坡,终得灭蜀。

据《三国志》卷二十八《魏书·邓艾传》:"艾上言:'今贼摧折,宜遂乘之。从阴平由邪径经汉德阳亭趣涪,出剑阁西百里,去成都三百余里,奇兵冲其腹心。'……冬十月,艾自阴平道行无人之地七百余里,凿山通道,造作桥阁。山高谷深,至为艰险,又粮运将匮,濒于危殆。艾以毡自裹,推转而下,将士皆攀木缘崖,鱼贯而进。先登至江由,蜀守将马邈降"。又据同书卷四十四《姜维传》："而邓艾自阴平由景谷道旁入,遂破诸葛瞻于绵竹。后主请降于艾,艾前据成都。"

二、陇南五国杀伐征战

南北朝时期中原大乱,群雄割据,陇南先后出现过仇池国、宕昌国、武都国、武兴国、阴平国五个氐羌民族,地方政权达280多年。陇南五国与中原十六国南北朝等大国及周围其他地方政权频繁交往和连续战争,唐朝"安史之乱"后,陇南地区被吐蕃政权统治。

（一）仇池国

陇南是我国氐族故地。公元296年,氐族首领杨茂搜在仇池山建立政权,至公元371年杨纂时为前秦苻坚攻灭。公元387年前秦在淝水之战中惨败后迅速崩溃,杨纂族人杨定收集旧众,再建政权于历城(今西和北)。杨盛继位后,迁回仇池山,至公元442年被南朝刘宋政权攻灭。两个仇池政权前后实际存在134年。习惯上把杨茂搜建立的政权称为前仇池国,把杨定重建政权称为后仇池国。仇池国在杨难当时最为强盛,国土东至汉中,南逾广元,北达天水,西据宕昌,人口在50万以上。杨难当自称大秦王,改元"建义",置百官,宫女数千,前呼后拥,威风不亚于中原大国的皇帝。前赵刘曜一次截获"其辎重千余辆,士女六千人"。在当时战乱环境中,仇池不仅国力较强,也相对安定,《魏书·氐传》称"西方流人以仇池丰实,多往依附"。所以,仇池不仅足以与其他政权抗衡,而其他政权也争相与仇池联络交往,甚至联姻结婚。前秦苻坚就将女儿嫁给杨定,又将另一女顺阳公主嫁给杨壁。北魏主拓跋焘也将公主嫁给杨保宗。在对外交战中,仇池曾先后击败过前赵、后赵、成汉、前秦、西秦、大夏、东晋和刘宋诸多政权的进攻。公元371年,前秦以7万大军攻仇池,仇池主杨纂率5万之众迎敌,在鹫峡展开大战,仇池兵败,前秦兵驱掠仇池人口入关中。公元405年、406年、412年,后秦姚兴3次率兵攻仇池,均被击退。公元441年,仇池主杨难当攻占葭萌(昭化),俘刘宋晋寿太守申坦,又攻涪城(绵阳),获雍州流民7 000余家还仇池。公元442年,南宋刘宋数路大军攻仇池,在浊水之战中仇池兵败,杨难当亡入魏都平城。

（二）宕昌国

宕昌国是宕昌羌人政权，都城就是今宕昌城关旧城。宕昌哪一年建国，无可考知。从公元424年北魏确认梁弥忽为宕昌王，到公元566年被北周攻灭，有记载的时间是142年，共传9代12主。宕昌国力弱小，《北史·宕昌传》记载，国土"自仇池以西，东西千里，席（藉）水以南，南北八百里。地多山阜，人二万余户"。宕昌羌人当时处于以畜牧为主的阶段，虽建立政权，但社会生活以部落组织为基础，国无法令，又无徭赋。唯征战之时，乃相屯聚，平时则各事生业。宕昌国很少向相邻政权发动攻击，也难以抵御其他政权的进攻，常常受到西岭吐谷浑的威胁。公元470年前后和公元485年，吐谷浑两次颠覆宕昌国政权，都是北魏干涉保护，才免于灭亡。处于各强大政权夹缝中的宕昌国，不仅对北朝的北魏、西魏、北周频频进贡，也向南朝的宋、齐、梁不断贡奉。公元492年，宕昌王梁弥承亲自朝拜北魏皇帝元宏。公元505年，宕昌王梁弥博又亲自向南梁进贡甘草、当归。公元563年，宕昌向北周献给猛兽。公元550年，宕昌发生獠甘叛乱，国王梁弥定逃亡西魏，獠甘自立为宕昌王。魏派大将史宁平定叛乱，杀獠甘，送弥定复位。公元565年，宕昌与北周对立，攻周边境，被击退，又联络吐谷浑4 000轻骑进攻北周，被北周伏兵击败。公元566年，北周大将田弘进军宕昌，直至城下，获25王，拔76寨，遂灭宕昌国。

（三）武都国

仇池政权灭亡后，公元443年，杨文德在前仇池国镇东司马弘达、征西从事中郎任胐等拥立下，于葭芦（今武都外纳乡）建武都政权，至公元477年杨文度时为北魏所灭。武都国的领土是仇池国的东南部，东据今陕西略阳以东，西界邓至（今四川南坪），南有武平，北邻宕昌国。武都国的建立，依靠氐族群众对杨氏家族的拥戴，也依靠南朝刘宋政权的支持。公元447年杨文德招纳氐、羌人口，被北魏所攻占的"武都等五郡氐皆附之"。公元448年魏将皮豹子率大军攻占武都北部地区，将武都郡治下辨（成县广化）迁到今武都城关旧城山，杨文德流亡南朝刘宋汉中，刘宋发大军助文德反攻，复立武都国。公元477年，武都国主杨文度遣弟杨文弘攻破仇池，魏将皮欢喜等反攻，文弘弃城退走。魏军攻破葭芦，杀杨文度，武都国亡。

（四）武兴国

公元447年武都国亡后，南朝刘宋政权以杨文弘袭武都王，退守武兴（今陕西略阳），后又改武都王为武兴王，建立又一个氐族杨氏政权，至公元552年为西魏所灭。武兴国东接汉中，西接宕昌，南邻阴平，北据凤州，是武都国的东北部地盘。杨文弘虽是由刘宋扶持建立政权，但很快即与北魏通好，魏亦封文弘为武都王。南北两大政权不仅都插手武兴，使武兴内部不能统一，而且不时向武兴发动进攻。杨文弘子杨集始在位时，曾两次亲自朝魏，但魏多次进攻武兴，迫使杨集始依附南齐。公元505年杨绍先时，魏又发大军攻破武兴，俘杨绍先并送往魏都洛阳，改武兴为东益州。公元534年杨绍先趁魏内乱逃回武兴，再建政权，送妻、子入魏为质，仍与魏维持关系。杨绍先子杨智慧继位，以4 000户附梁，魏又封绍先另一子杨辟邪为东益州刺史。公元552年杨辟邪反魏，西魏将叱罗协、赵昶等攻占武兴，杀杨辟邪。

（五）阴平国

在公元477年北魏灭武都国时，武都国主杨文度族叔杨广香配合魏军杀杨文度，魏封杨广香为阴平公、葭芦镇主，后又得到南齐承认，于是杨广香在阴平（今文县）建立与武兴并立的阴平政权，实际上将武都国一分为二。至公元580年杨永安时，为北周所灭，历时103年。阴平国土，东与武兴接，北与宕昌邻，西至南坪，南据昭化、平武，有数万户。虽然也以北朝为宗主国，同样也不得不与南朝频繁往来。在杨孟孙时，曾迎合南朝袭扰北朝边境，魏遣使斥责，孟孙畏惧，立即遣子入魏侍直，与魏和解。杨法深时附魏反梁，梁发兵2万讨阴平，焚平兴后退兵。公元552年杨法深又从魏攻梁，平蜀后回军，与族人杨崇集、杨陈挫相互攻击，魏将赵昶乘机置州郡以处其众，将阴平政权瓦解。但王族势力仍然存在，不断反抗北朝统治。北周代魏后，陇南氐族人们连续举行大规模起义，遭到镇压。公元580年，阴平氐帅杨永安发动利、兴、武、文、沙、龙六州氐人反周，被北周大将达奚长儒镇压。至此，阴平王族势力最终被攻灭，使从杨茂搜开始，历经仇池、武都、武兴、阴平几个政权的陇南氐族地方势力在历史舞台上消失。

三、历史上的鏖战处

南宋时期,陇南是抗金保宋的前沿阵地,南宋著名的爱国将领吴玠、吴璘、吴挺兄弟父子前赴后继驻军陇南坚守60多年。吴玠(1098—1139年),字晋卿。吴璘(1102—1167年),字唐卿。祖籍德顺军陇干(今甘肃省静宁县),后迁永洛城(今甘肃省庄浪县)。在抗金中,他们与韩世忠、岳飞等分兵抗击,独当一面,在陕、甘、川边境地区与金兵苦战,固守南宋政权的西部防线。宋高祖建炎元年(1127年)冬,金兵分三路南下,由洛索、萨里干率领的西路军直入"秦川之地",企图占据陇右,打开入蜀大门,消灭东南的南宋政权。金军所到之处,宋将不逃则降,无敢与抗。后在各地"义兵"的奋力抗击下,金兵无力南进,被迫撤兵。宋高祖建炎四年(1130年),川陕宣抚处置使张浚调集40万大军,在富平(今陕西富平县)与金兵展开决战,结果宋军大败。吴玠、吴璘也带领数千名散卒,退守和尚原(今陕西宝鸡大散关以东),后又屯兵徽州、成州、凤州一带。宋高宗绍兴元年(1131年),金兵大举南攻。吴玠受命担任陕西诸路都统制,负责固守阶、成、岷、凤、洮五州及凤翔及五丈原一带防务。吴氏兄弟与士兵同甘共苦,依靠当地百姓的支持,使金兵败于五丈原。特别是仙人关大捷,宋军以少胜多,名传千古。吴玠、吴麟、吴挺以河池为屯军基地,抗击了金兵元帅兀术、萨里干等率领的数十万人的多次进攻,坚持抗金60余年,有力地拒金兵于蜀口之外,粉碎了金人得陇望蜀的梦想,阻止了南下灭宋的企图。

近百年对峙鏖战,使陇南成为南宋在西北地区的政治军事中心,驻守略阳、徽县的四川宣抚使统帅10万大军,不仅作战戍边,还大规模修建道路、兴建水利及屯田垦殖。宋高宗绍兴三年(1133年)退驻仙人关(今徽县虞关)后,由于大军云集,粮食供应困难。为了减轻百姓的负担,吴玠组织军队屯田,先后在阶(今武都)、成(今成县)、西和(今西和县)、天水(今天水秦州区)、沔(今陕西勉县)、凤(今陕西凤县)、梁(今陕西汉中)、洋(今陕西洋县)、利(今四川广元)九州置屯田60余庄,耕田850多顷,每年收获20万石粮食,得到朝廷的表彰。同时,又在阶州、成州、西和和宕昌先后开设4个茶马市场,与西部边境的草原民族进行边境贸易。在吴挺时,仅宕昌茶马市场购进的战马每年就有700匹。多年的征战也产生了陇南抗金名将张威、丁煜、曹又闻、马墍、马墭兄弟等。据《直隶秦州志》记载:"宋白环堡,(县)东九十里,山峰抱合,其形若环,武侯修伏兵,吴璘防金设地罔于此。"在屯守河池期间,陇南人民在物质和人力上给予大力支援,做出很大的贡献。

明清时期,尽管中国社会经济发展的重心已移至东南,但陇南由于其特殊的地理位置,仍然具有不可忽视的重要作用。蒙元时期,蒙古军占领陇南在礼县建立礼店元帅府,安竺尔子孙以陇南为基地,征战西南和西北,为元朝的建立做出了重大贡献。明太祖洪武四年朱元璋伐蜀,颍川侯傅友德任征虏前将军。朱元璋亲自对在傅友德说:"若出其不意,直捣阶文,门户既隳,腹心自溃。兵贵神速,患不勇耳。"傅友德引兵出陈仓,昼夜行军,在阶州击败元军守将丁世贞,准备渡江伐蜀,但过嘉陵江涨水不得渡,削木牌数千,书攻克阶、文、绵州消息,投入江中,下游蜀守军见之皆解体。在明末农民起义中,多股义军均曾转战于陇南山区,李自成率义军征战于陇南。吴三桂反清时,吴三桂势力对陇南展开了激烈的争夺;而在此后的白莲教、太平天国等诸次运动中,陇南均受波及。

辛亥革命期间白朗起义军也曾转战到陇南,相继攻占徽、成、武、宕等县,进抵岷县、临潭一带,后又推至陇南,从两当出境。民主革命时期,中国工农红军三大主力一、二、四方面军及红二十五军长征都经过陇南,二、四方面军在陇南发动了"岷洮西战役""成徽两康战役"。"成徽两康战役"胜利后,对群众进行了宣传,号召陇南群众组织起来打土豪、分财产。并且,在成、徽、两、康等县均成立了苏维埃政权,有的还成立了游击队和抗日义勇军。当年毛泽东主席率领中央红军突破天险腊子口后到达哈达铺修整,通过国民党的旧报纸,得到了刘志丹领导的陕北红军和根据地的重要信息,党中央做出了把红军长征的落脚点放到陕北的重大决策。哈达铺既是红军长征的"加油站",也是红军长征胜利的转折点,陇南人民为红军筹集了数十万斤军粮和大量军需物资,使经过雪山草地、浴血奋战的数万名红军得到补给,数万名陇南儿女参加了红军。

第五节　陇南武术名人的影响

乾隆《甘肃通志》《直隶秦州新志》卷之十二载："张三丰，辽东人。名全一，一名君宝。自号保和容忍三丰子。以其不修边幅，又号张邋遢，颀而伟大耳。修髯一衲一蓑，所啖升斗辄尽，或数月不食；或处穷山，或游市井，能一日千里。嬉笑谐谑，旁若无人。洪武初，居武当山中。二十三年云游长安，继至陇上。元末居宝鸡金台观，辞世留颂而逝。土民杨轨山为棺殓，临窆，发视之，复生。乃入蜀，抵秦，居武当，游襄邓，往来长安，历陇、岷、甘肃。永乐中，遣都给事中胡濙、道录任一愚、岷州卫指挥杨永吉访求，未获。明永乐初，都给事中胡濙奉旨遍访三丰，往来于秦陇蜀地，大江南北，名山胜境，履无不至。"《明史》卷一六九《胡濙传》说："（永乐）五年，遣濙颁御制诸书并访仙人张邋遢，遍行天下州郡乡邑，隐察建文帝安在？濙以故在外最久，至十四年乃还。"李贤《胡濙神道碑铭》载："丁亥，上察近侍中，唯公忠实可托，遂命公巡游天下，以访异人为名，实察人心向背。时御制《性理大全》《为善阴骘》《孝顺事实》，书成俾公以此劝励天下，以故虽穷乡下邑轨迹无不到，在湖广间最久，丙申秋还朝。"

张三丰极具传奇色彩，是武当拳和太极拳等道教武术的创始人。在翻阅史料时发现张三丰曾活动于陇南地域的足迹。清代吴鹏翱《武阶备志》卷一《山水》云：五仙洞，在白龙江南岸，深不可测，悬半山间，中有铁桥及黄庐木桥，桥下水流作环佩声。洞内有卧龙坪尤宽广，可容百数十人，旧传神仙栖止之地。（《名胜志》）穴深百余里，仙迹甚多。（《名山记》）洞中泥可为砚，出洞即成坚石。内有炼丹井，仙人床灶，明初张三丰寓此，题句犹存，又有风洞，内有黄泥滩。据《阶州直隶州续志》载："明洪武初，三丰尝寓阶州城东五仙洞（今武都汉王镇万象洞）修真之处，朝廷御使寻找于此洞，三丰避之留诗云：'脉连地府三冬暖，窍引天光六月寒。'"就是说明帝钦差、户部给事中胡濙访张三丰不遇，寻得三丰所题摹刻"脉连地府三冬暖，窍引天光六月寒"。

张三丰在成县活动的历史记载较多。明永乐年间，三丰修道于华阳洞(今成县店村金莲洞),洞内密布钟乳石,多呈莲花状,故名。据载,元成宗元贞二年(1296年)至大德六年(1302年)间,道士刘道通、罗道隐者,在此寻真,并募资觅工,于此"建奉真之殿,钩飞空之楼,塑圣贤之像,修藏经之阁",百具焕然,名震陇右。清代志书《直隶秦州新志》卷之二载:"成县金莲山在东南六十里有金莲洞,崖高数十仞,周围数十洞相缀,明、胡濙奉命访张三丰于此"。据《成县志》载:"成祖遣礼部尚书胡濙遍及天下名山古洞,到金莲洞不遇三丰,有诗云:卢龙复遇金莲洞,别是重来一洞天。功成名遂还居此,了达天机入太玄。"金莲洞,位于甘肃成县店村乡南麓旱山,县东三十里旱麓之下,一名华阳洞,茂林修竹,张三丰养真于此。有诗云:"庐龙复寓金莲洞,始识人间有洞天。功成名就还居此,了达仙机入太元。"明永乐间,礼科给事中胡濙奉旨访三丰到此。而且留有《金莲洞访张三丰不遇》一诗:"香书久慕下无边,遍访丰师感应虔。万载红崖主玉笋,千年碧洞结金莲。云淡喜见通明月,雨骤只逢暗淡天。峭壁真光熬永劫,赤心愿睹白衣仙。"康熙年间(1662—1722年),成县籍太学生汪莲州曾有《金莲洞访张三丰仙迹》诗一首:"平生性癖耽山水,古洞幽闻喜再来。一径穿云踏碧草,半空倚石坐青苔。春风淡荡吹襟袖,仙佩逍遥堪溯洞。丹鳌芝房何必问,绿荫深处即蓬莱。"由此可见张三丰在陇南武都、成县等地隐居修行传道,据说武都有道教始传于张三丰。最后,又据康熙《岷州志》记载,张三丰"入武当二十三年,云游长安,继至岷地,寓杨永吉家",即可能张三丰由陇南出发,至今定西市岷县地区,宿杨永吉家一段时间。此中间宕昌县应有张三丰来过,当地也有相关传说。由于张三丰在陇南地区居住的时间较长,据说武都的道教亦始传于张三丰。不过确有一定的印迹,陇南武都道士在清末民初对这一地域的武术发展发挥了一定的作用,武都城郊胡有德,早年为学好武艺,曾在甘、凉、肃州等地遍访名师,艺成后浪迹江湖,晚年出家为道,后传授武艺。清水沟卯老三、汉王寺刘守真(道家),晚年以教拳为主,门徒甚多,为武都地域武术的传播做出了很大贡献,如天齐棍、五虎群羊棍、大小梅花棍、扭丝棍、疯魔棍、四门棍、罗家枪、子龙棍、六合枪、明月刀、六合刀、五虎断门刀、纯阳剑、二堂剑、太乙剑;徒手拳术八步转、八虎单拳、八门拳、分手八快、撕拳、母子锤等皆此二人传授,后在陇南流传开来。药王殿的贾宝卿(道家)老人练罗汉功造诣极深,一手七星杆尤为绝技。

第六节　武举制度对陇南武术的影响

武举,又称武科,始于唐武则天二年,废于清光绪二十七年,在中国历史上存活了1 200余年。武举制作为我国封建社会选拔武艺人才的主要方式之一,对我国封建社会的发展产生了相当深远的影响。武则天于长安二年(702年)正式实行武举制,考试内容有长垛、马射、马枪、筒射、步射、负重、翘关等。只要考试合格,不论出身、门第、家境,均由兵部根据考试成绩的高低差异,分别授予不同的官职。宋朝的武举在唐朝的基础上又有了新的发展,武举制度中增设了殿试,形成了比试、解试、省试、殿试四级考试制度。考试科目分弓马武艺和程文两种,武艺常分为弓步射、弓马射、弩踏、抡使刀枪器械等科目,而程文主要是兵书墨义和策问。与唐朝相比,宋朝的武举制度表现出文武并重的特色。明朝武举考试程序分为乡试、会试、殿试三级,考试科目坚持了弓马策略、实践和理论兼备的原则,大体分为"策略""技勇"两大类。明朝在实施武举制度的过程中也兴建了武学,使武举制度得到了进一步的完善。清朝是武举制度发展的鼎盛时期,清代的武举制度从前朝继承而来,并进一步发展,形成了"武童试—武乡试—武会试—武殿试"四级考试制度,完善了"文武兼备"的人才选拔标准。在武举制度确立以前,由于选拔人才的方法只限于皇帝诏令、官吏推荐人才,难免存在举荐唯亲、大批人才被埋没的弊端。实行武举制度以后,打破了门阀荫袭世官的旧局面,开拓了"广收天下奇才异士"的新局面。加之规范的考试方式,为广大社会习武之人提供了更多的入仕机会。此外,武举考试是习武之人获取功名、地位与权利的重要途径,习武之人要想实现这一目的,就必须参加武举考试,而考试只问能否及格,不问出身来历,所以即使是最寒微的士子,只要考试能够合格,就能进入上层社会,这无疑能够激发更多人的习武热情,并极大地促进了武术在民间的普及与推广。特别是清朝立国后在全盘接受汉族文化的同时,对科举制度的重要性有着深刻的认识,因此迅速恢复武举制度。清政府极为重视武举考试。武殿试虽然始于宋朝,但宋明二朝并没有将其制度化,清朝恢复武举之后,即将

第一章 陇南地理人文环境及武术文化成因解析

其制度化。清顺治二年(1645年)规定于武举会试之后的十月内举行殿试,在试策之后,皇帝会亲临西苑门外中南海紫光阁御试马步箭、弓、刀、石等。御试前,还先让皇太子骑射做示范。一甲及二、三甲前十名也都由皇帝在校阅时钦点。考试完之后,宣布名次的传胪典礼,皇帝也会亲自参加,亲赐武状元盔甲、腰刀等物。统治者的重视自然有利于社会对武举的认可,促使尚武风气的形成。从历代武举考试内容(表1-1)变化看,先有唐代较为单一的武艺和力量,逐渐向着宋明清武艺和程文的方向发展,其目的就是选拔和培养文武皆能、德才兼备的军事武术人才。

表1-1 四代武举考试内容

年代	考试内容
唐	武艺:射术和枪术;力量:翘关和负重;身材和言语
宋	武艺:弓马射、马步射、弩踏、抢使刀枪;程文:策问和兵书墨义
明	初试:马步箭、刀枪剑戟;二场:营阵、地雷、火药、战车;三场:兵法、天文、地理
清	首场:马射;外场:步射、技勇;内场:策二问、论一篇

四个朝代武举考试,在武艺的基础上,增设了理论考试。如唐代的言语;宋代的策问和兵书墨义;明代的兵法、天文、地理;清代的策二问、论一篇等,在以兵书为主线的情况下,主要考查考生的表达能力、书写能力、理解能力等综合素质,促进武术人才成为文武兼备、德技兼修的军事家、武术家。

陇南山大沟深,山路崎岖,交通严重不便,形成了一个闭塞的环境,使得办学教育就不是那么容易,而外出求学往往是富家子弟的事。陇南绝大部分地方是高山、陡坡、贫瘠之地,在农耕时代人们生活很贫穷,到现在陇南也是经济比较落后,贫困人口较多。在当时绝大部分人看到读书不易而习武可以入仕,有识青年走出家门浪迹江湖,访师学艺或开始在家练习"武艺",使得陇南出了很多武举人。武举制度就是一种考试制度,对习武者来说不问出身来历,所以即使是最寒微的士子,只要考试能够合格,就能进入上层社会,这极大地促进了武术在民间的普及与推广。随着武举制度的兴起,在陇南形成了习武入仕之风,陇南礼县有武进士1名(探花,名黄大奎),武举人14名,各级武官和武贡生以上学位的86名。康县有4名武举人。宕昌有8名武举人,马任远,清康熙丙午武举;王映奎,今宕昌县木耳乡豆寨人,清咸丰年间武举;赵登甲,字顶山,今宕昌县哈达铺乡金布山人,清光绪二十三年武举;杨保忠,今宕昌县将台乡曾家山人,清光绪年间武举;马建元,今宕昌县木耳乡人,清光绪年间武举;刘毓堂,今宕昌县理川人,清代武举;代邦栋,今宕昌县庞家乡人,清代武举;杨玥,今宕昌县沙湾站里人,清代武举。清代武都有武举人14名,分别是马金龙、寇建尉、马仲遴、马仲选、张绅、马世俊、白玉彬、赵彩、马德、李多馥、彭殿元、张连三、牛耀山、王运龙。这些人在练武的过程中对当地武术文化的发展是有很大影响的,使得一大部分人习武练拳,激发练武的热情,极大地促进了当地民间武术的发展。

第二章 陇南武术的演进

文化社会学认为,在任何社会,任何文化现象的兴盛衰亡无不受到社会环境的影响。武术作为一种与社会息息相关的文化现象当然也不例外。武术的历史发展如同社会的影子,随着社会环境的变化而呈现出波浪式的发展轨迹。社会政治稳定,经济文化繁荣,人民生活富裕,武术就兴盛。反之,社会政治动荡,经济萧条,民不聊生,武术就衰微。总之,宏观社会环境作为一个重要的影响和制约变量是武术发展中无法摆脱的问题。陇南由于受地理环境、政治、文化、民风习俗等的影响,形成了尚武、习武之风。

第一节 陇南武术传承

一、军事武术在陇南进行传播

军事是武术的重要形态之一。陇南地处川陕交通要隘,是中原中央政权与西北少数民族接触碰撞的前哨阵地,历来为兵家必争之地,成为历代用兵的古战场。三国时诸葛亮北伐六出祁山,现在礼县祁山堡建有武侯祠,曹魏大将邓艾父子过宕昌、武都入阴平道,裹毡滚坡,终得灭蜀。南宋时期,陇南是抗金保宋的前沿阵地,宋将吴玠、吴璘、吴挺兄弟父子前赴后继,驻军陇南抗金,阻止了其南下灭宋的企图。蒙元时期,蒙古军占领陇南在礼县建立礼店元帅府,安竺尔子孙以陇南为基地,征战西南和西北,为元朝的建立做出了重大贡献。从明洪武二年到十二年(1369—1379年)的10年间,明朝中央政府在今甘肃境内先后设立了临洮卫、兰州卫、河州卫、岷州卫、洮州卫等卫。守卫这一带的官兵,仅永久充军的军户就在3万人以上,如果再加上他们的家属,不下10万之众。兰州大学的柯杨教授对这一地区进行了民俗调查后发现,洮岷地区的汉族人大多来自南方。这些人的祖先都是明朝初年从安徽凤阳、江苏南京等地迁移过来,大部分人的原籍为应天府、凤阳府。最初的一批移民是从洪武二年(1369年)开始的,当时,他们是跟随平定这里的明军来的,随后陆续有大批移民来到了这里。这些人大部分是明朝开国将领徐达、常遇春、沐英、李文忠、胡大海、金朝兴等人的子弟或部下。他们从江南迁来后,以洮州卫城为中心分散后居住在周边各个战略要地,起到了守卫卫城、抵御外敌的作用。明代初年岷州设卫,卫是军事机构,下辖千户所,派兵守卫站驿、寨铺。当时宕昌属岷州南路边地,设所派兵把守。明弘治年间,岷、宕等州设农场,大批军人与民共耕。从外地迁入成千上万的移民,把中原文化及民间武术也传入当地。陇南地区自古是军事要地,自然有驻军。但是现在无法获取陇南古代军事武术开展的资料,根据相关文献记载,现在可以比较确定的是,军事武术在古代社会早期就已经存在,而陇南自古就是战略要地,各个朝代都在陇南地区有驻军,这样当时社会的军事武术在陇南存在是有可能的。在冷兵器时代,拳术、器械是军兵必备之术,军中武技逐渐传入民间。如山东籍的武官传承了"邓州拳""曾家拳""地躺拳"等优秀拳种。宕昌武举刘毓堂解甲归田后,设馆收徒,其门生在巩昌府(今陇西)乡试中中举者有六人,占录取武举人数的一半,当时人们送他绰号"刘半榜"。近代军事武术也对陇南民间武术的发展起到重要作用,如武都安化曾街张忠成,曾于冯玉祥部下做过武术教练,有一身硬功夫,影响力很大,返乡后收徒传艺,传授军事武术。

二、外来武术的流入及乡间"把式"授拳

清末民初社会动荡不安,战乱纷飞,散兵游勇到处烧杀抢劫,绿林土匪打家劫舍,弄得民不聊生,乡人奋起自卫,以武力对抗抢掠,习武保家之风兴起。陇南武术的传播有两种途径,陇南有一部分人外出学武艺,这样就把外来武术传入陇南;还有就是外来人到陇南收徒传艺。陇南人出外求学武艺,如人称"神眼猴拳王",西和县王步高19岁就外出遍访名师,后投身正宗少林拳师门下,勤学苦练,掌握了少林武术真谛。礼县魏振刚也是外出学习武艺,后在家乡收徒传艺。民国十八年(1929

年),吉鸿昌将军在天水首次举行陇南武术大赛,此二人获得二、三名的成绩,王步高在这次比赛中受到吉鸿昌的赞扬,并亲自奖励他双狮刀一柄。"全国武术八老"之一的赵斌擅长拳术、棍术,特别是在上海全国武术运动会上表演的鹞子拳技惊四座。另外一种是外地拳师来陇南设馆收徒传艺,如在宕昌,河州(今临夏市)人康尚德、陕西王世忠、张家川李万林、岷县武举包玉秀、兰州王五金、临潭"筒子匠"等一批名师来献计传武。还有一种是犯罪逃难的逃犯有一部分人精通武术,逃入陇南在此传艺。由于陇南在清末民初交通不便,属于偏远山区地带,逃犯容易在此逃难。他们也对武术陇南武术的传播、发展做出了重大贡献,使陇南民间武术在特定的地域内,本土地方武术与外来武术的融合形成具有一定地域特色的武术文化。

在过去漫长的年代里,中国武术的发展更多地表现出与传统的小农经济社会相适应的发展特点,在相对封闭、保守的大环境下长期自给自足,自然流变,同时又表现出很强的环境适应性能。旧有的民间武术传承的基本路径通常有师徒传承和家族传承两种形式,在过去的社会大环境中,传统的"师徒制"一直是民间武术维系传承和发展的主要形式,师徒传承又多以"社"(拳社)的形式进行并完成。旧时传承和练习武术的场所,有的称为"拳房",城镇则名"拳社"或"武馆",在陇南民众对有名的拳师称"把式",所以又称其为"把式房"。作为武术教习的基本场所,把式房的实际运作通常由以下几个基本要素组成:师傅、徒弟、拳术、器械、场地等。通过以把式房为主体的传承形式,古老的民间武术在长期的传播、发展过程中又形成师与徒、徒与徒等之间的特定社会关系,从而构成了中国武术鲜明的民间特征。旧时的乡村把式房俗制多以师傅姓氏名之,如"王把式房""赵把式房";或以拳种名之,如"八极把式房";也有以村庄命名的,如"阳坡陈家村把式房"等。旧时乡村把式房的武术习练形式通常要相对自由、松散,在场地选择上,以师傅居住地为中心,驾驶庭院,乡村麦场,房前屋后,田间地头,或独自研习,或三三两两,或三五成群,自由组合,不一而足。习惯"日出而作,日落而息"的农业生产方式的人们,在农忙之余纷纷赶赴师傅的所在村落,田间耕作与习武练功互不影响,在习得一身武艺之后,旧时会游侠卖艺,有的会向经济相对发达区看家、护院、走镖,凭借把式房里练成的功夫安身立命、养家糊口。古老的民间武术,中国武术的这种传统生态特点一直延续了多少岁月。多少年来可敬可佩的武术先贤们就是在这样的生存环境下顽强地生活着,他们在艰辛的生活和坎坷的磨难中奋力拼搏,在武术的习练和经营中安身立命,在谋生的奔波和劳碌中为了武术的发展而执着求索。

第二节　陇南武术流派

在农耕文明环境下将中国传统哲学、宗法文化与武艺技击相结合,创造出种类繁多、风格各异的武术拳种门派。门派对武术的整合、人员的管理、技艺的发挥起到了一定作用。许多来自外部的武术被吸收融合到陇南武术中,使陇南武术得到充实,形成了一定的门派,一定时期内促进了陇南武术的发展。

一、宕昌武术流派

陇南民间武术以家族传授,师徒之间言传身教,保密不公开,形成了许多派别。在陇南宕昌县、礼县和西和就有一些派别。在宕昌比较有影响的派别如下：

（1）大化派。大化派的"祖师"是王大化,他是清代晚期甘肃著名武术家,深通少林武功。他的名徒有王五斤、孙"尕巴"等人。王五斤武功卓绝,在岷县收徒朱二、郎商、罗毛哥等,这些人把武术传播到宕昌一带,使大化派武术传承至今。宕昌大化派传人有,赵四德、包海娃、吉光祖、庞国栋、扎世俊、马万青、王普、石生彩、张成国、袭清义、张廷理、王尕儿、李转来、车志荣、李正常、李保安、包彦忠、李三娃、马二哥、张炳旭、杨仁宽、何仁等人。"大化棍"中主要套路二十八宿蒲团棍、扭丝棍、劈柴棍等七个套路流传至今。

（2）武家拳派。武家拳术是由理川镇上街村人武宗汉研习的少林武功。他秉承家学,由其族叔武彦彪教导,武功精进,后又得八力乡拳师"尕麻"爷的绝技,以棍击术驰名岷、宕及周边地区。由他教练的弟子有王普、石生彩、赵张娃、武银全、李得福等人。由于武宗汉家是地主家庭,不敢公开教徒,所以传人很少。

（3）李家拳。李氏一家原籍陇西，清末迁徙理川，有昆仲四人，乡人称"犯家弟兄"，其中武功最好者是老二李林生、老三李芸芳。老四李海清学拳不多但功夫较深。李家拳术自成一派，其传人有李善恩、李景春、邓虎生、蔡百和、李世武。现时只有李世武继承李家拳术，发扬光大。武术套路有锤母子、九子锤、滚龙鞭杆、大排子棍等。

（4）包家拳。包家拳的始祖是今哈达铺各苏村出名"把式"苏玉堂的高徒包海珠。包氏是哈达铺镇扎路村人，受苏家武术熏陶后自成一派，在理川传徒很多，较有名气者有蔡百和、冉有贤、蔡鼠生及张廷理等人。拳种有换手鞭、大小燕青拳、蒲团棍、流星锤等。

（5）马家拳。马氏是岷县占扎路的回族。马振林（经名伊不那）由洮州人（今临潭县）"筒筒"匠传授当地武功，后在青海清真大寺学经兼修武艺。其武功盖世，人称"大师爷"，英年早逝，其门武术由其弟继承，武功却也精通，人称长胡子"二师爷"。这派武术只在回族家族内传承，其传人有单山寺及其子单由路；族内马虎荣、马海牙、马二地、马儿利、马由哥。马派武术精于棍术，以醉棍技法著称，其套路有醉打山门、六合步等，此门武术也是后继乏人。

二、礼县武术拳派

（1）龙山地方拳派。民国二十四年（1935年），礼县龙山成立武术馆，收徒传艺。主要是"陈家拳"在这里收徒传艺。陈雕、陈志忠、陈补正、陈月星是礼县雷王乡陈家阳坡村人，陈氏四代人对武学有很大贡献。陈氏武术主要以棍术见长，尤以百步条子棍闻名于世。百步条子棍分为三十六天罡、七十二地煞，与水浒一百零八将相吻合。其中有依据八仙所创的铁砂条子、太公条子、黄龙条子、梅花条子、云羊条子等，鞭杆有九宫八步转鞭杆、黑虎鞭、打神鞭等。拳术中的九拳传说是岳飞师傅周侗所创，还有大洪拳、小洪拳、燕青拳等。陈家武学在西和、礼县、天水等地授徒1 000余人。

（2）平泉武术门派。主要是以清道光年间考准武进士黄探花（名大奎）为尊师，主要以刀枪棍剑为器械。

（3）盐官武术门派。主要是在礼县盐官一带以少林拳见长，主要授徒武师是杨桂林、魏正刚，所授内容主要有少林拳、小洪拳、大洪拳、盘龙棍、黑虎鞭、白虎鞭、杨家枪、罗家枪、罗汉棍、铁火穗子、流星锤等。

（4）红河天台山扇子门派。主要是以铁扇子、钩、镰、剑、棍和形意拳为主体。

三、西和武术拳派

（1）王家派。王步高，西和县卢河乡草川村人，师从少林派武术，其套路有：猴拳、梅花铐、金刚转；棍术为：翻海棍、排子棍；枪术为黑鹰枪。收徒有麻仓仓、樊汉英、王尚斌等。

（2）赵家拳。赵斌，西和县苏合乡赵家庄人，从小受家庭熏陶，幼年时就打下了坚实的武术基础。在中壮年时遂投师于陕西燕子门派的镖师吴彦彪门下，吴彦彪为鹞子高三的掌门人。他擅长流星锤、长枪、棍术、九节鞭等拳械，软功更是厉害。所学拳种较多，主要有：大红拳、中八路、八步转、鹞子拳、行者棍、梅花棍、紫金鞭、流星锤等，尤其擅长鹞子拳。一生授徒较多。

（3）李家拳。李忠，西和县北关人，早年在山东当兵，在外拜师学艺、游走江湖，后回故里传拳授艺。拳械套路有：小洪拳、少林八记、七星锤、小燕青、五梅棍、陆合枪、三六枪、双刀、滚膛刀、陆合刀、春秋大刀。1966年参加在漳县召开的武运会，并任裁判。其传弟子有席献珍、叶居里、蒲禄儿、吕丑娃、吴接力、张月生、杨全、乔周娃等。

四、陇南武术种类

在陇南流行比较多的拳种或套路主要是棍术、鞭杆、徒手等。

（1）徒手套路。拳术套路有关东、九子、母子、曾家、师破、邓州、八步转、七步滚、八力转、大小燕青、六和、番子、通背、八极、飞龙等。

（2）棍术套路。大棍排子、抱排子、压排子、一座城排子、走棍排子、铁砂条子、太公条子、黄龙条子、梅花条子、云羊条子、天齐棍、五虎群羊棍、四门棍、飞九宫、大小蒲团、乱蒲团、劈柴、劈柴母子、扭丝、梅花棍、秦阳等棍术套路。

（3）陇南鞭杆。鞭杆又称短棍，有二尺五和四尺鞭杆之分。有白虎、黑虎、滚龙、七星、达摩、三十六剑、一百单八、翻八步、八步阁鞭、栓子鞭、紫金鞭、九宫八步转鞭杆、打神鞭等。

五、陇南武术特点

陇南武术套路繁多,派别之多。但不脱少林拳的范畴。讲求脆、快、硬的风格:"眼法到处周身随,起落进退一气摧,手眼身步协调用,一气呵成显神威。"拳术也提倡:"起如鹘、落如鹰、转如轮、快如风"的技术要求。陇南拳术演练起来的表现形式是起横顺落,退进缓急均在一条线上,也就是拳打"一条线"。在套路演练上是结构紧凑、节奏鲜明、动作朴实、快速敏捷。在打斗的方法上:"指上打下、指东打西、避实打虚。"拳术要求:"秀如猫行斗如虎,动如闪电行如龙。劲发丹田力推山,拳不华丽实用能。"

(一)拳理特点

出拳弯中带直,直中有弯。太弯无力,太直势败;不踢高腿,抬起高腿半边虚,易被攻击。演拳走架,遇敌交手时遵循:"猴之躲、猫之纵、狗之退",快捷灵敏,不用蛮力,以脆快取胜。

(二)技法特点

玉环步是常用技法。在棍术中讲究双头棍、单头棍法。在实用棍术中枪棍结合使用,劈、砸、扫、挑用棍法,拦、拿、扎、捅用枪法。形成"棍打一大片,枪扎一条线",棍术在实战中提倡:"短打长扑进堂,长打短距离远"的战法。

(三)练功特点

(1)练心。盖心为耳目之主,心一动则气息上浮,视听失聪,手足失措,何能应变化于仓促间耶。岳武穆云:运用之妙存乎一心。是临敌而求之论也。心不乱,则心有所守而不移。其真气存守全身,然后视白刃目若不见,触炮声而耳若不闻。处物勿挠,独立勿惧,而拳法之用无穷矣。但练心之法,各家各有不言器所传,以静养为主,以克欲为功,以万念俱消为究竟。初则每日早起练习拳术之先,必面向东方敬立半点钟,敬立时,目视鼻息,开胸垂手,念起克法,虽泰山崩于前而色于常,麋鹿舞于左而目不瞬,恒久如是,不但拳术可得神功,而古往今来天地变化之大道,亦可从此参透矣。

（2）练气。未经习拳术之人，气粗多不沉静，偶有动作，则呼吸如抽，而神魂心乱，况临大敌，其能收功效于俄顷间乎？学者精求此术，不得不从气功入手。其操练之法颇易：每日晨起，挺腰开胸，站立马桩。足底前后着地，左右手叉肋间，抛却万念，听气下行，直达丹田气海，及脐下半寸。心中默记数字，每次数一百次，倦则小憩，而度数逐日增加。由十增加到两千后，则一身之气息匀齐，虚浮尽去矣。然后手足之所至，即气之所至矣。如常山蛇，及首则尾应，运用之妙，可言哉。

（3）练力。练习此术，以去尽浮力、发生新力为目的。何为浮力？乃生来原有之力也。何为新力？去尽原有之力而所发生新力之谓也。如练手法时动作奋猛，即四期后，即觉四肢软弱，起立卧坐维艰。正新陈代谢之时，切不可从此辍练，否则前功尽弃也。

（4）练目。目为心之侦探，又为手足的先导。平日练习，不可不特别注意焉。其练法有二：练法一，每日早起，用盐水一盆，眼珠直视水底，过五分钟之后，用双手向眼逆泼，而眼珠直视水底不闭，久之，视力增强遇敌不乱，则手法不至虚发矣；练法二，每逢日月将出时，由立正姿势，挺胸收腹，两掌直垂，怒目视其光，以便吸收日精月华。练习百日后，则两目如电，不但临敌不乱，而且精神充足，有病即除矣。

（5）练手。练手之法有二，即练肘与练指是也。甲：练肘之法可多，余师所传以气功为君，以药为臣。每日早起，首站桩马，由坐桩向左，而变为弓步，将左手拼三指前撑10次，使气达指尖为度，然后右手提竹条11根（竹条大小与小字笔同，需用绳捆紧）向左手尺骨，极力击打，初打百次为度，皮却变紫红色。在左手练毕，转身向右练右手，两手练毕，即将药水向练肘洗一次。练至90天后，动作时气可发表皮，而骨已坚硬如铁，练至三年后，偶有棍类器械击来，可用手一迎而折断之也。乙：练指。指为肘之先锋，全在灵活，坚如铁石，中敌不差分厘，然后封之、摘之、牵之、搂之以及拦格挑托，每每奏效。但练习之法须贵有恒，初用粗米五升，以三尺高桶盛之，每日早起及晚睡时，站立箭桩，并三指向上下运动，使气运至手尖时，即插米中，由上而下至腕为度。每日以100次为度，至90天后改用粗沙，再90天用小石，练过三年可与铁石争硬。

（6）练听。听觉根于心，心静则听自聪，每到晓籁初发，独入旷野，细听天地自然所发之籁声，有所触，便能分清方向。昔达摩师面壁九年，听阶下蚁语，音若牛鸣。若能练到此种境界，则听功所告成。

（7）练足。练足之法有二，练飞尖与练横腿是也。

第三节　新中国成立后陇南武术组队参赛情况

党和国家对体育运动的发展非常重视,除了大力倡导群众性体育运动的广泛开展外,还由各级体育行政主管部门定期组织各种层次和规模的综合性体育运动会和各种单项体育运动比赛,从而极大地提高了整个体育运动的发展水平。武术作为中华民族传统体育中的重要项目之一,作为竞技体育项目,不但进入各种综合运动会中,也举办了各种层次和类型的单项比赛。陇南参加了各种省内外武术竞赛活动,这也展现了陇南武术的地域风格,一定程度上推动了陇南武术的发展。以下是陇南武术组队参赛情况。1973年,陇南当时是武都地区,组队参加了在天水举行的甘肃省第一届武术运动会。当时组队的情况为:教练员——马万青;女队员——杨尔琪、冯淑霞、王梅花、张红卫、刘丽娟;男队员——马怀坡、祝豪凌、王晓东。在这次运动会中武都地区代表队获基本功第一名。1979年武都地区参加甘肃省武术观摩赛,在这次运动会上运动员马怀坡获男子组甲组枪术第三名,杨尔琪获女子组自选剑第三名,马万青老先生获老年组(梅花双刀)第一名,同年9月马万青被选代表甘肃参加了全国第四届体育运动会,被评为全国先进体育工作者。1980年5月,马万青老先生又代表甘肃省参加了在山西太原举行的全国武术比赛,获得了优秀奖。1982年甘肃省第六届运动会在兰州举行,当年杨尔琪、王晓东被评为全省武术优秀运动员,在开幕式上进行了武术表演。马万青、任发荣荣获老年组优秀奖。1984年在全省武术比赛中,王晓东获梅花双刀一等奖,马怀坡获棍术二等奖,任发荣获老年组(排子棍)一等奖,杨尔琪获剑术一等奖。1985年,杨尔琪被选代表甘肃省参加在杭州举行的全国武术比赛,并获女子自选剑三等奖。1989年武都地区已改为陇南市,杨尔琪代表陇南市参加第2届少数民族运动会,获一等奖,后又参加了在广西南宁举行的第4届全国少数民族运动会,在这次运动会上获得优秀奖。

表 2-1　组队参赛情况统计表

姓　名	项　目	运动会赛次	名　次	时　间
马怀坡	男子刀术	甘肃省第一届武术运动会	第三名	1973 年
杨尔琪	女子自选剑	甘肃省第一届武术运动会	第三名	1973 年
赵方针	自选棍术	甘肃省第一届武术运动会	第二名	1973 年
马怀坡	男子棍术	甘肃省第四届武术运动会	第三名	1977 年
杨尔峰	男子少儿组徒手	甘肃省第四届武术运动会	第四名	1977 年
何　军	男子少儿组徒手	甘肃省第四届武术运动会	第四名	1977 年
魏小红	女子拳术	甘肃省第四届武术运动会	第五名	1977 年
杨尔琪	女子自选剑	甘肃省第四届武术运动会	第四名	1977 年
杨尔峰、何　军	男子对练	甘肃省第四届武术运动会	第四名	1977 年
马怀坡	男子梅花双刀	甘肃省第五届武术运动会	第一名	1978 年
杨尔琪	女子自选剑	甘肃省第五届武术运动会	第四名	1978 年
马怀坡	男子甲组枪术	甘肃省武术观摩赛	第三名	1979 年
杨尔琪	女子自选剑	甘肃省武术观摩赛	第三名	1979 年
王晓东	自选双刀	甘肃省武术比赛	第二名	1981 年
马怀坡	男子刀术	甘肃省武术比赛	第二名	1981 年
杨尔琪	女子剑术	甘肃省武术比赛	第二名	1981 年
魏小红	女子拳术	甘肃省武术比赛	第三名	1981 年
谢大勇	男子拳术	甘肃省第六届运动会	第二名	1982 年
王晓东	自选双刀	甘肃省武术比赛	第一名	1983 年
马怀坡	男子刀术	甘肃省武术比赛	第二名	1983 年
杨尔琪	女子剑术	甘肃省武术比赛	第二名	1983 年
王晓东	梅花双打	甘肃省武术比赛	第一名	1984 年
任发荣	老年棍术	甘肃省武术比赛	第一名	1984 年
杨尔琪	女子剑术	甘肃省武术比赛	第一名	1984 年
马怀坡	男子棍术	甘肃省武术比赛	第二名	1984 年
赵方针	自选棍	甘肃省第一届农民运动会	第二名	1984 年
杨尔琪	自选剑	全国武术比赛	第三名	1985 年
王鹏才	长拳（八步转）	甘肃省武术比赛	第一名	1985 年
王晓东	梅花双打	甘肃省武术比赛	第一名	1985 年
杨尔琪	女子剑术	甘肃省第三届少数民族运动会	第一名	1989 年

第二章　陇南武术的演进

续表

姓　名	项　目	运动会赛次	名　次	时　间
杨军祥	青少年组男子自选剑	甘肃省第十二届运动会	第二名	2010年
杨美霞	女子自选棍	甘肃省第十二届运动会	第一名	2010年
李龙刚	男子组规定拳	甘肃省第十三届运动会	第一名	2014年
张寅郑	男子组规定拳	甘肃省第十三届运动会	第二名	2014年
李强强	男子甲组自选长拳	甘肃省第十三届运动会	第二名	2014年
宗旭璇	女子甲组规定拳	甘肃省第十三届运动会	第六名	2014年
崔　琦	女子乙组规定拳	甘肃省第十三届运动会	第一名	2014年
李幽兰	女子甲组自选长拳	甘肃省第十三届运动会	第五名	2014年
李幽兰	女子甲组自选枪	甘肃省第十三届运动会	第四名	2014年
崔　琦	女子甲组长拳	甘肃省第十四届运动会	第二名	2018年
崔　琦	女子甲组剑术	甘肃省第十四届运动会	第六名	2018年
刘　强	男子甲组南棍	甘肃省第十四届运动会	第一名	2018年
杨如强	男子甲组刀术	甘肃省第十四届运动会	第六名	2018年
崔　琦	女子甲组刀术	甘肃省第十四届运动会	第六名	2018年
孙　彦	男子甲组男刀	甘肃省第十四届运动会	第一名	2018年
刘强、孙彦、杨如强	男子甲组对练	甘肃省第十四届运动会	第八名	2018年
成　凯	男子乙组棍术	甘肃省第十四届运动会	第三名	2018年
成　凯	男子乙组刀术	甘肃省第十四届运动会	第六名	2018年
王志博	男子乙组剑术	甘肃省第十四届运动会	第四名	2018年
成　凯	男子乙组长拳	甘肃省第十四届运动会	第五名	2018年
王志博	男子剑术	甘肃省武术锦标赛	第二名	2019年
姚佳豪	男子甲组枪术	甘肃省武术锦标赛	第三名	2021年
姚佳豪	男子甲组剑术	甘肃省武术锦标赛	第四名	2021年
姚佳豪	男子甲组长拳	甘肃省武术锦标赛	第八名	2021年
王志博	男子长拳	甘肃省武术锦标赛	第六名	2021年
王志博	男子甲组剑术	甘肃省武术锦标赛	第七名	2021年

第三章 古道对陇南武术文化的影响

  陇南地处甘、陕、川三省交界地带,是川、陕经甘肃进入青、藏和中原的必经孔道。这里既有古代氐族留下的痕迹,更有古代氐族、羌、藏等民族文化与汉文化的大融合。古道是民族迁徙、商贸往来的重要通道,是人们来往的通道,也是各民族之间、不同地区之间经济和文化交流的通道。道路一旦形成,学者、僧侣、官员、商人、工匠、农民都能沿路往来通行,他们的知识、信仰、技能也一样随着古道传播扩散。陇南因其特殊的地理环境和多民族杂居共处的历史渊源,自然成为联系西南、西北与中原的重要商道:北出天水,可与丝绸之路相接,通过河湟谷地,进入青藏高原;通过河西走廊,进入新疆天山南、北路,越过帕米尔高原,进入中亚、西亚和南亚;东出康县和两当,可通陕西,进入中原;经文县可南下四川、云南,通往印缅和东南亚。所以,陇南自古就是商贸活动的重要地区。陇南茶马古道是丝绸之路的重要组成部分,其内容既包含经济贸易,也包含文化交流。长期大量的茶马交易对沿线民族文化的多元性和包容性的形成,及其地方文化的传播和交流有着深远的影响。文化线路作为当今遗产领域整体性保护的有效措施,是一种陆路、水路或者混合类型的通道,其本质是在一定的历史阶段内影响人类迁移与沟通交流的路线[①]。古道上凝结着厚重的历史文化,展现着多彩的民俗风情,洋溢着迷人的山水景观。

---

① 李伟,俞孔坚.世界文化遗产保护的新动向:文化线路[J].城市问题,2005(4):7-12.

第三章　古道对陇南武术文化的影响

第一节　陇南古道文化

一、古代商旅通道的影响

陇南是茶马古道上的一个重要节段，著名历史学家范文澜先生在《中国史稿》和《中国通史简编》中明确指出："武都地方，氐羌杂居，是一个对外的商市。巴蜀茶叶集中到成都，再运到武都卖给西北游牧部落。成都和武都是中国最早的茶叶市场。"北方和中原大部分地方不产茶，北方、中原和游牧民族饮用的茶叶大多数从南方产茶区贩运而来，而茶马古道就是古代西部最主要的茶叶运输线路，是因茶马互市而形成的一条重要商路。茶马古道是与著名的丝绸之路、海上丝绸之路、南方丝绸之路、唐蕃古道一样重要的古代中国西部国际商贸之路。茶马古道西南向西北延伸路段，形成无数大大小小的支线，将陇南与滇、藏、川、陕、甘地区紧密联结在一起，使陇南地区成为川陕经甘肃入青藏和中原的必经孔道，也是一条地地道道的马帮挑夫的商旅之路。茶马古道是商品贸易往来的主要通道，也是文化交流渠道。可以说古道是文化传播与交融的孔道，促进了沿线地区文化的繁荣及多元文化相融共生的局面。

陇南因其特殊的地理环境成为联系西南、西北和中原的重要商道：北出天水，可与丝绸之路相接，通过河湟谷地，进入青藏高原；通过河西走廊，进入新疆天山南、北路，越过帕米尔高原，进入中亚、西亚和南亚。东出康县和两当，可通陕西，进入中原；也可南下四川、云南，通往印缅和东南亚。所以，陇南自古就是商贸活动的重要地区。宋明茶马交易的茶叶主要来自四川，陇南在历史上是川茶北上后换取马匹的必经之地，在当时全国茶马交易格局中占有十分重要的位置。朝廷设在陇南的茶马场、卖茶场、批验所和巡检司等场所和机构，其数量之多，规模之大，居全国前列。研究蜀道的学者程文徽先生认为，川茶一般从成都启运，北上集中到汉中与当地的陕茶分别进行加工后再运到陕西略阳，然后进入徽县，要么运至秦州，以此为集散地分运到陇右、内蒙古以及关中各地，要么直抵陇南各茶马场。陇蜀茶马道承担了四川、陕西、湖南等地同甘肃、宁夏、青海及内蒙古等地茶马交易的主要任务。陇蜀道在宋代茶马交易中发挥着重要作用,明代是我国历史上茶马互市的黄金时期,也是陇蜀道最兴盛、最繁荣的时期,陇蜀道承担了运送茶叶和输送马匹的主要任务,是当时最重要的茶马商道。两宋时期的战马主要通过陇蜀道供给,最高纪录是一次向前方军队供给三万匹马。为此朝廷在阶州(今武都)、成州(今成县)、文州(今文县)、宕州(今宕昌)、西和州(今西和)设有茶马场,由国家直接管理大规模的茶马交易。明朝除了在徽县火钻镇设有巡茶院行台外,还在徽县城西街设立了批验所。在今康县云台古镇东三公里处的大岔山设七防关巡检司(明代以前称散关)。在康县望关发现的记载有"茶马贩通番捷路"文字的《察院明文》石碑(图3-1)是对这段历史的实物证明。该石碑虽有残缺,但内容尚可识读。从其内容来看,该碑立碑时间应为明嘉靖十五年(1536年)巡茶御史刘良卿上奏"严禁边地茶贩私售"之后,该碑是巡按陕西监察御史即巡茶御史刘良卿命令察院以石碑形式发布的告喻的"大字告示"。

图 3-1 《察院明文》石碑

残碑碑文字迹大体可辨,为阴刻楷书,约字,其中首题横书"察院明文",正文,竖书行,现残存每行一字,辨识为:

[][1] 巡按陕西监察……

示知一应经商人等……

茶马贩通番捷路 []……

---

[1] 该符号因原碑文不能辨识,故用"[]"表示。下同

第三章 古道对陇南武术文化的影响

旧规堵塞俱许由……
[]有仍前[]便由……
官兵通同[]放者……
[][]

二、甘肃到四川和陕西的古道

陇蜀茶马道有两条主干线路：南线为阴平道。阴平道早在汉晋时已经是阴平郡境内之陇蜀通道，三国时魏国大将邓艾经阴平道伐蜀成功更使其天下皆知。阴平道南起成都，经江油、平武、青川、碧口、文县、武都、宕昌、岷县、卓尼，直达临潭（古洮州），同时，碧口到成都还有经白水、昭化的水路。北线为祁山道。祁山道的支系较为庞杂，大致线路从天水开始，经平南、盐官、祁山、石堡、汉源、石峡，到达纸坊，一路从望关到达长坝，或经白马关、窑坪、略阳，到达汉中（此道又称散关道）；或经黑马关、咀台、岸门口、铜钱、阳坝、燕子砭，进入四川。一路经成县、栗亭、徽县，然后与嘉陵道相接，沿青泥道或白水路直下陕川。这两条主干线路之间又有诸多支线相连，形成庞杂的交通网络，如徽县与天水之间有条发挥重要作用的线路，从天水到徐家店，再经娘娘坝、高桥、榆树火钻，到达徽县。再如被当地称为卤洮道的茶马道，东起盐官，沿祁山道到汉源后，经何坝、河口、龙林、太塘、牛尾关、沙金、好梯、南阳、宕昌，与阴平道相接。望关和武都之间也有一条经安化、甘泉的道路，使阴平道与祁山道相接。高桥和盐官之间还有一条经汪川、大门、麻沿的道路相连。其中散关道因其较为平坦、便于行走，成为陕甘茶马古道中重要干线之一，其繁荣程度甚至超过秦州商道。《徽郡志》卷之四《田赋志》中写道："徽，辐辏之地，水陆之衢也。往昔颇称繁华，大抵久则人情乐便，而近来川蜀之货，欲东者皆自阳平关出凤翔，欲西者皆自宜口出临、巩，登白水江而来徽者，才十之二三耳。"[①] 散关道上的康县窑坪由于地处陕、甘、川三省交界，运送到此处的货物北可达天水，西可达兰州至青海，东可达陕西汉中，南可达成都，因此当时的窑坪成为繁荣的商业小镇，店铺林立，商队成群。

[①] 罗卫东.秦蜀茶马古道考述[J].天水师范学院学报，2012，32（03）：1-11.

如今，徽县境内仍然保存着很多茶马古道的遗迹，将这些分散的"点"串联起来就能把一条古道交通线复原出来，即青泥古道，和唐宋以来四川茶进入甘肃、青海、西藏地区的茶马古道走向是基本一致的。经过多年的考古调查，许多考古遗址都在徽县境内被发现了，特别是至今依然保存的众多栈道遗迹，都是这条古道存在的充分证明。比如位于大河店乡的瓦泉山栈道遗址，就是徽县境内蜀道上具有重要价值的栈道遗址；地处虞关乡八渡沟村的手扒崖栈道遗址是明清时期自徽县通向陕西略阳和汉中的必经之道；双龙崖栈道遗址处在虞关乡嘉陵江西岸，也是通向虞关古渡口的必经之道。对于这条入蜀古道，历史上曾屡次修造，目前，徽县境内的很多遗留古道，包括"玄天神路"摩崖碑刻、大河店修路碑刻、"远通吴楚"摩崖碑刻等都记载了这条通道的历代维修状况，从中可见其重要的历史地位。

马家梁摩崖石刻位于虞关乡虞关村西米处马梁山中段的石壁上，东临嘉陵江，西靠宝成铁路，北侧近靠虞关中学，属第三次文物普查的新发现，阴刻题记，此摩崖石刻题记所在地为虞关古渡附近，所记开修道路就是由甘入川、陕的青泥古道的水会渡徽县老虞关之鱼关渡部分。

"玄天神路"新刊修路摩崖石刻位于大河乡青泥行政村吊沟自然村公路旁一巨石上。碑文竖行楷书自右至左行，记述当地民间社团组织修路事宜。尾题"万历辛丑季春三月吉旦"，即明万历二十九年（1601年）。

三、陇南到甘南、天水的茶马贸易古道

通过康县望关的茶马古道支线（图3-2）主要分为四条，即北线、南线、东线和西线。西线沿康县望关—佛崖—米仓山—安化—武都—两水—石门—角弓—沙湾—两河口—官亭—宕昌—岷县—临潭—卓尼，进入甘南藏区，进而到达青海藏区进行茶马交易。西线在明朝晚期才开始兴盛，应该和茶马古道川藏道有所联系，川茶北上到达藏区的必经之路便是陇南至甘南藏区的茶马古道。在第三次全国文物普查工作新发现的重要文物点中，陇南市宕昌县有一处通北口崖墨书题记，位于甘江头乡甘江头村，东临黄家村，南临甘江头，西临岷江，北临曲关山。墨书行，因崖面不平，书写随意，布局不整，每行字数不等，自右至左为：

第三章　古道对陇南武术文化的影响

大明岁次庚午年

珉州管辖临江里地名洞冰后尖佛嘴

边珠人马难过

近蒙

三司老爷过往

该宕昌地方旧地

地方总甲黄世龙

带领众人开斩阶州[]伦

明嘉靖二十四年

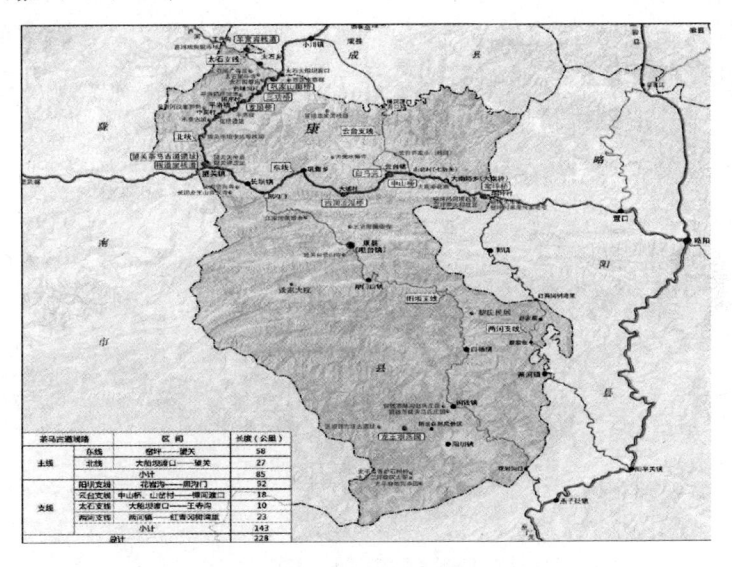

图 3-2　陕甘茶马古道康县段线路图[①]

题记写于明嘉靖二十四年(1545年),叙述了嘉靖二十四年冰冻后,通背口尖佛嘴道路狭窄,人马难过,总甲黄世龙带领众人开山修路之事。

通北口崖明代嘉靖年间的墨书题记位于岷江向南汇入白龙江的宕昌县城—官亭镇—两河口的交通要道上,也就是陇南到甘南藏区的茶马贸易通道上,是川茶和康县本地茶北上进入藏区的必经之地。题记中提及地方总甲主持修路,而且有"三司老爷"过往,"三司"即都察司、布政司、按察司。明代在全国实行"两京十三布政司",每省分置都察、布政、

---

① 万晶.陕甘茶马古道康县段历史文化廊道构建研究[D].西安:西安建筑科技大学,2020.

按察三司的制度,甘肃陇南在明代属陕西布政司巩昌府所辖。"三司老爷"即陕西省的三司官员,可见该工程绝非一般的小工程,而是有官方授意下的新修开路事务,所修道路在当时肯定是重要的官道之一,也是茶叶流通的主要通道之一。作为岷江与白龙江的汇合处,两河口北部路段沿岷江河谷北进,这条古道上有邓桥栈道遗址、青林岭子握桥等遗存,见证着古道的悠悠岁月。

北线(图 3-3)沿康县望关—平洛镇中寨古镇—团庄龙凤桥—药铺沟三功桥—太石沿西汉水北上,经仇池山西侧—大桥西汉水南岸峭壁—鱼洞峡古栈道—石桥—礼县城—盐关,或者经望关乡过平洛镇—翻越太石山过巩家山廊桥—西狭古栈道—成县城—纸坊镇—石峡镇沿石峡河北上,唐开元年间"新路颂摩崖石刻"—西和县城—石堡北魏开凿法镜寺石窟—长道镇古长道县—盐官镇盐关,进行茶、马、盐等商品交易至天水。

图 3-3 陕甘茶马古道康县段北线线路及遗存分布图[①]

东线(图 3-4)主要是从望关到陕西的线路,大致走向是望关—长坝—巩集—云台大山岔古散关—白马关—大南峪古兰皋镇—大南释—窑坪出境,经陕西木瓜园到略阳,再往东可到汉中从陕西木瓜园至略阳,再往东就到了汉中。相关文献记载,东汉建宁年间武都郡太守曾修

---

① 万晶.陕甘茶马古道康县段历史文化廊道构建研究[D].西安:西安建筑科技大学,2020.

过其间的"大山岔(散关)—大南峪—窑坪"段。

图 3-4　陕甘茶马古道康县段东线线路及遗存分布图[①]

南线大致走向是望关—长坝—黑马关—咀台康县城关—岸门口—三河坝—铜钱—阳坝—托河出境，经陕西燕子砭可南下四川，是望关到四川的线路。

四条支线在望关交会，其中陕西、四川进入甘肃的必经之道就是东线和南线，茶叶等物资则从北线和西线经过，从中不难看出，望关位置与作用的重要性，确实是名副其实的"茶马贩通番捷路"。

四、松扶古道

松扶古道是地处川甘交界的古道，历史上川茶等物资都是经由这里进入甘南藏区的，特殊的地理位置让它既能吸收中原西进的各种物资，又能向西进入甘南藏区的腹心地带桥头堡。石门沟栈道和摩崖，现存三国时代的古栈道遗迹东西长大概 200 米，有近 190 个古栈道孔(图 3-5)，对研究宋代陇蜀"茶马古道"和茶马贸易运输具有重要的作用。石门沟栈道既是阴平古道西端和武都连接到舟曲和宕昌的主干道，还是通向武平和沙滩诸寨的关键入口，自古都是兵家必争之地。相关调研表明，宋皇祐初年已存在专司买马事的地方职官。主管买马事宜的地方官在考察中，在武都万象洞和舟曲石门沟等地写下题记，就是从阴平古道(连接武都、宕昌、舟曲的茶马古道主线)穿行的，而其考察内容应该和茶马互市贸易密切相关。

[①] 万晶.陕甘茶马古道康县段历史文化廊道构建研究[D].西安：西安建筑科技大学，2020.

图 3-5　古栈道栈孔照片[①]

第二节　诗赋歌咏古道

陇南地区古道发达，交错分布。长期大规模的商贸运销，对沿线民族文化的多元性和包容性的形成，及其地方文化的传播和交流有着深远的影响。文人墨客对陇南古道多有诗词的歌咏，可从中看到陇南古道在当时的重要性。古代青泥岭也叫铁山，是秦陇入蜀很重要的一条交通要道，是入蜀古道上最艰险的一道关隘。图 3-6 为通蜀门。

图 3-6　通蜀门

---

① 万晶.陕甘茶马古道康县段历史文化廊道构建研究[D].西安：西安建筑科技大学，2020.

第三章　古道对陇南武术文化的影响

李白(701—762年),字太白,号青莲居士,又号"谪仙人",是唐代伟大的浪漫主义诗人,被后人誉为"诗仙"。《蜀道难》是他的代表作之一,诗中对青泥岭的山形道路做了极为精彩的描述。

蜀道难

噫吁嚱,危乎高哉!蜀道之难,难于上青天!蚕丛及鱼凫,开国何茫然!尔来四万八千岁,不与秦塞通人烟。西当太白有鸟道,可以横绝峨眉巅。地崩山摧壮士死,然后天梯石栈相钩连。上有六龙回日之高标,下有冲波逆折之回川。黄鹤之飞尚不得过,猿猱欲度愁攀援。青泥何盘盘,百步九折萦岩峦。扪参历井仰胁息,以手抚膺坐长叹。

问君西游何时还?畏途巉岩不可攀。但见悲鸟号古木,雄飞雌从绕林间。又闻子规啼夜月,愁空山。蜀道之难,难于上青天,使人听此凋朱颜!连峰去天不盈尺,枯松倒挂倚绝壁。飞湍瀑流争喧豗,砯崖转石万壑雷。其险也如此,嗟尔远道之人胡为乎来哉!

剑阁峥嵘而崔嵬,一夫当关,万夫莫开。所守或匪亲,化为狼与豺。朝避猛虎,夕避长蛇;磨牙吮血,杀人如麻。锦城虽云乐,不如早还家。蜀道之难,难于上青天,侧身西望长咨嗟!

杜甫(712—770年),字子美,自号少陵野老。汉族,祖籍襄阳,河南巩县(今河南省巩义)人。年少时漫游各地数年,后困居长安。安史之乱后被任命为左拾遗,后被贬到华州为司功参军的职务。公元759年秋携家经陇南入蜀,先后从秦州经过礼县、西和、成县、徽县、两当等地,在同谷(今成县)寓居较长,在陇南写下数十首诗,其中有反映陇南古道艰险的诗词,如《青阳峡》。

青阳峡
塞外苦厌山,南行道弥恶。
冈峦相经亘,云水气参错。
林迥硖角来,天窄壁面削。
溪西五里石,奋怒向我落。
仰看日车侧,俯恐坤轴弱。
魑魅啸有风,霜霰浩漠漠。
昨忆逾陇坂,高秋视吴岳。

东笑莲华卑,北知崆峒薄。
超然侔壮观,已谓殷寥廓。
突兀犹趁人,及兹叹冥莫。

元稹(779—831年),字微之,别字威明,河南洛阳人。15岁参加科举考试,明经及第,授左拾遗,进入河中幕府,擢校书郎,迁监察御史,曾经陇南蜀道,攀越青泥岭,驻足青泥岭上的青云驿站歇憩,写下了《青云驿》。

青云驿
岩峣青云岭,下有千仞谿。
裴回不可上,人倦马亦嘶。
愿登青云路,若望丹霞梯。
谓言青云驿,绣户芙蓉闺。
谓言青云骑,玉勒黄金蹄。
谓言青云具,瑚琏杂象犀。
谓言青云吏,的的颜如珪。
怀此青云望,安能复久稽。
攀援信不易,风雨正凄凄。
已怪杜鹃鸟,先来山下啼。
才及青云驿,忽遇蓬蒿妻。
延我开荜户,凿窦宛如圭。
逡巡吏来谒,头白颜色黧。
馈食频叫噪,假器仍乞醯。
向时延我者,共舍藿与藜。
乘我牂牁马,蒙茸大如羝。
悔为青云意,此意良噬脐。
昔游蜀门下,有驿名青泥。
闻名意惨怆,若坠牢与狌。
云泥异所称,人物一以齐。
复闻阊阖上,下视日月低。
银城蕊珠殿,玉版金字题。
大帝直南北,群仙侍东西。

第三章 古道对陇南武术文化的影响

龙虎俨队仗,雷霆轰鼓鼙。
元君理庭内,左右桃花蹊。
丹霞烂成绮,景云轻若绨。
天池光滟滟,瑶草绿萋萋。
众真千万辈,柔颜尽如荑。
手持凤尾扇,头戴翠羽笄。
云韶互铿戛,霞服相提携。
双双发皓齿,各各扬轻袿。
天祚乐未极,溟波浩无堤。
秽贱灵所恶,安肯问黔黎。
桑田变成海,宇县烹为齑。
虚皇不愿见,云雾重重翳。
大帝安可梦,阊阖何由跻。
灵物可见者,愿以谕端倪。
虫蛇吐云气,妖氛变虹霓。
获麟书诸册,豢龙醢为醢。
凤凰占梧桐,丛杂百鸟栖。
野鹤啄腥虫,贪饕不如鸡。
山鹿藏窟穴,虎豹吞其麑。
灵物比灵境,冠履宁甚暌。
道胜即为乐,何惭居稗稊。
金张好车马,於陵亲灌畦。
在梁或在火,不变玉与鹅。
上天勿行行,潜穴勿凄凄。
吟此青云谕,达观终不迷。

雍陶(805—？),字国钧,成都人。大和进士,历任侍御史、国子毛诗博士、简州刺史。大和初年,酷爱名山大川的雍陶首次欣游秦岭,途经故道水(嘉陵江上游)畔的江边小驿,写下了《宿嘉陵驿楼》这首七言绝句:

宿嘉陵驿楼
离思茫茫正值秋,每因风景却生愁。
今宵难作刀州梦,月色江声共一楼。

武元衡(758—813年),字伯苍,河南缑氏(今河南偃师缑氏镇)人,建中进士,历官比部员外郎、御史中丞等职。元和二年(807年)任门下侍郎、同中书门下平章事。后出为剑南西川节度使,元和八年(813年)为宰相。武元衡在出任剑南西川节度使期间,有一次从长安返蜀时途经两当,夜宿嘉陵江畔驿馆,作为大散关古道中的枢纽之地,这座经岁月尘埃遮蔽的小县,笼罩在空蒙的烟雨之中,到处可以看到随风飘动的旌旗。旅途的劳顿,眼前的情景,使诗人的心绪不由得怅惘迷茫,于是悟之于心,抒之以情,《夜宿嘉陵江》这道七言绝句随口吟出:

夜宿嘉陵江
悠悠风旌绕山川,山驿空蒙雨似烟。
路半嘉陵已白头,蜀门西更上青天。

薛逢,字陶臣,蒲州河东(今山西永济)人,唐武宗会昌元年(841年)以第三名举进士,授秘书省校书郎,迁万年尉,崔铉入相,引直弘文馆,历侍御史、尚书郎等职。他在迁巴州刺史赴任途中,在两当写下了《题黄花驿》一诗:

题黄花驿
孤戍迢迢蜀路长,鸟鸣山馆客思乡。
更看绝顶烟霞外,数树岩花照夕阳。

赵抃,北宋衢州西安(今浙江衢江区)人。字阅道,号知非子,景祐进士,为殿中侍御史。曾诗咏《青泥岭》:

青泥岭
太白休夸蜀道难,我闻天险不同山。
青泥岭上青云路,二十年来七往还。

陆游(1125—1210年),字务观,号放翁,越州山阴(今浙江绍兴)人,是南宋时期杰出的爱国诗人。据《宋史·陆游传》记载,陆游曾数次参与国家军政事务,还亲自领兵上前线和金兵交战。陆游领兵驻守边防要

第三章 古道对陇南武术文化的影响

塞大散关时,在一个雾霾苍茫的夜晚,其因军务来到了大散关古道西段的山城两当。这一夜所见所闻使他感受良深,时过境迁,多少年过去了,当时的情景犹在眼前,于是在一个风雪之夜,他浮想联翩,吟成《雪夜感旧》一诗:

雪夜感旧
江月亭前桦烛香,龙门阁上驮声长。
乱山古驿经三折,小市孤城宿两当。
晚岁犹思事鞍马,当时哪信老耕桑?
绿沉金锁俱尘委,雪洒寒灯泪数行。

游师雄(1037—1097年),武功人,字景叔,宋治平元年(1064年)中进士,历仪州司户参军、德顺军判官、宗正寺主簿、军器监丞等。元祐初,坚决反对舍弃陕北四寨,为此而著《分疆录》。出使熙河,协助指挥宋军大败来犯的吐蕃军,以功任陕西转运判官、提点秦凤路刑狱,数次对答哲宗边防得失及本末,作《绍圣安边策》。后历知邠州、河中府、陕州等。史称其"慷慨豪迈,有志事功",诗云:

仙人崖
玉作冠簪石作骸,道衣褐氅就崖栽。
精神似转灵丹就,气象如朝玉帝回。
两眼远观狮子洞,一身遥望凤凰台。
自从跨鹤归仙去,直到如今不下来。

杨一清,字应宁,镇江丹徒人。成化八年(1472年)进士。弘治末巡抚陕西,正德中为右副都御史,后为吏部尚书。对仙人关、铁山诗云:

仙人关
树外苍云云外山,数间茅屋又无椽。
旁人指点云深处,此是仙人不老关。

过铁山
树转岩徊白昼阴,铁山高处一登临。

山灵漫道刚于铁,何物能磨铁汉心。

张绶,字佩青,自号南坡居士,陇南徽县人。乾隆四十六年(1781年)进士,历官翰林院庶吉士、翰林院检讨。铁山诗云:

　　登铁山
　　环徽皆山哉,山高何险绝!
　　当南峙双峰,望之色如铁。
　　鸟道与羊肠,层层势盘折。
　　危梯架悬岩,飞湍声幽咽。
　　上有千年松,蜿蜒对罗列。
　　隐雾而吞霞,天造亦地设。
　　怪石生其间,林腰藏虎穴。
　　虎出张乃威,令人肝胆裂。
　　下有武家坪,居民多朴拙。
　　茅檐八九椽,半在山之凸。
　　其西曰虞关,嘉陵江派别。
　　万里通巴门,荡荡孰与决。
　　我闻宋吴公,兄弟何勇烈。
　　破敌曾在此,磊落千人杰。
　　今我来铁山,步步苦据拮。
　　计里五十余,险巇亦尽阅。
　　我曾促晓装,骡困脚力竭。
　　我曾数心期,谁能为我说。
　　相逢一笑时,衣衫任宕跌。
　　造物多闲情,低徊思往哲。
　　底事久飘蓬,千载如同辙。
　　我宿太平庵,晚凉罢炎热。
　　风风雨雨凄,况复立秋节。
　　本非薄俗尘,浊酒且怡悦。
　　翘首望京华,缩地术难窃。
　　话到夜初分,钟声远近彻。
　　渺渺分予杯,挥毫忘谫劣。

第三章 古道对陇南武术文化的影响

阴平道是陇入蜀的又一重要通道,历代诗人用诗句反映了阴平古道的险要,宋代诗人杨槚诗云故道。

杨槚,宋代人,生平事迹不详。清代所编《文县志》收录了他的一首题诗《题玉枕驿》。

题玉枕驿
栈道险复险,客怀愁更愁;
万山俱绝壁,一水不通舟。

李梦阳,字献吉,号空同子,甘肃庆阳人。弘治七年(1494年)进士,任户部郎中,后任江西提学副使。曾到文县诗咏火烧关:

火烧关
壑暝常留电,山深日酿云。
犹存火烧关,忍读卧碑文。
地古人烟少,霜寒野色曛。
那堪数过此,辛苦欲谁闻。

肖籍,陇南文县人。万历举人,授河南渑池知县,升山西泽州知州。诗云:

火烧关
谁辟丹崖一径通?双峰对峙戟凌空。
密云护雨山洗险,峭石横门锁钥雄。
元将北归屠宋郡,我师南下殒汪公。
伤心往事成悲叹,勒马萧萧谷口风。

陈如岗,生卒不详,清代闽中诗人,曾诗咏花石峡邓邓桥。

花石峡邓邓桥
束马悬车不易行,崎岖险道出阴平。
当年人抗期期诏,此日桥留邓邓名。

板屋数家喧虎迹，石崖千尺涌江声。
前途听说明朝坦，稳坐篮舆梦不惊。

邓邓桥在宕昌县城南32公里处官亭乡花石峡口岷江之上。公元263年，曹魏大将邓艾与其子邓忠率部从临洮南下入蜀，在花石峡，为岷江所阻，遂令士兵缘山崖修造栈道，并在花石峡口以两岸岩石为墩，修造桥梁，渡岷江，出花石峡，过武都，入阴平道，终于进军成都，攻灭蜀汉政权。

王云凤，山西和顺县人，进士。曾任洮岷道台，后任提学道，升国子监祭酒。诗云：

文南径道
（二首）

（一）
绝壁重流力挽坂，西巡第一此程难。
河经五渡犹余渡，山尽八盘更有盘。
马惯如烟周大道，人愁疑渡鬼门关。
文州几载逢冠盖，羌汉争先睹客颜。

（二）
崖梯石磴晚仍攀，半是江流半是山。
却忆曾登大石顶，始知此地路尤难。

吴山涛，生卒不详，字岱观，号塞翁，浙江杭州人。明崇祯举人。清康熙初为成县知县，因建杜甫草堂被诬告罢官。诗云：

鸡山道
峻岭高无极，马蹄衬落霞。
披荆寻鸟道，指树认人家。
狐鼠伏阴壁，雁鸿起浅沙。
徘徊扶立石，何处问桑麻？

秦武域,生卒不详,山东人,举人,乾隆三十一年(1776年)任两当知县,主修《两当县志》。诗云:

故道松涛
万株晴霭绿云浓,故道山头十里松。
父老漫夸存汉垒,大夫须臆有秦封。
风飘乍拂涛声出,月影微穿暝色重。
久矣岁寒无改色,清泉石上结幽纵。

黄文炳,字啸村,安徽桐城人。道光四年(1824年)任阶州知州,曾赋诗《过武都山》。

过武都山
漫说西行蜀道难,武都面面拥层峦。
悬崖万仞涛千尺,管许英雄胆亦寒。

齐赐履,生平事迹不详。清武都人,代表作《白马关》:

白马关
白马关前路正赊,高亭一望已天涯。
云连栈道三千里,烟锁层城百万家。
摇落空山闲客舍,苍茫古渡绕征车。
当年名利人何在?唯见残阳闪暮鸦。

第三节 茶马古道历史文化价值

茶马古道具有源远流长的历史,是一条完全用人、马踩踏出来的,用无数血肉之躯铺成的古道。它是唐朝以来内地与西北地区进行交易的通道,因其主要是进行茶叶与马匹交换而被称为茶马古道。图3-7为茶马道上的马脚凳、铃铛、马鞍。通过古道使沿途各民族彼此之间紧密地联系在一起,促进了经济文化交流,强化了各民族自身的文化,同时也增进了彼此之间的团结和友谊,进而使沿线的经济、文化、技术等各个方面得到了良好的发展。

图 3-7　茶马古道上的马脚凳、铃铛、马鞍

中国的茶文化历史悠久,据六朝以前的史料记载,巴蜀是茶叶最初兴起的地方,可以说巴蜀是中国茶业和茶文化的摇篮。起初,茶是作为一种药材被人们所熟知,到西汉时期开始成为人们的饮用品,直至魏晋南北朝时期饮茶成为人们普遍的习惯。饮茶真正形成一种风气始于唐朝后期,逐渐出现茶馆,种茶、制茶初具规模。

茶文化的普及为茶马古道的形成奠定了良好的基础。唐朝时期政府为了更好地管理茶叶,制定了茶叶贸易政策。主要政策有三个:一是推出了"茶马互市"政策,并在唐玄宗时期允许茶马互市在赤岭实行;二是加收茶税,是中国历史上第一个提出收取茶税的时期;三是实行榷茶制度,即茶叶专卖制,这在一定程度上推动了茶文化的发展。在这个时期初步形成茶马贸易,当时的贸易经营和管理制度还不健全,"贡赐"是其主要的贸易形式,比较单一。由于西南地区对茶叶的需求不断扩大,茶马贸易数量也随之不断增加,贸易地区逐渐涵盖了西部大部分地区,使唐朝后期初步形成茶马古道,为宋朝时期茶马古道的兴起奠定了坚实的基础。

北宋时期政府对茶马贸易的重视程度达到一定的高度,使得茶马贸易兴盛起来,茶马古道也随之兴起。茶马贸易扩展为两种形式:一是延用唐朝的"贡赐"形式;二是宋朝政府铺设茶马司,在茶马古道沿边各地进行"招募蕃商,广收良马"的贸易。四川茶叶通过陇蜀道进入藏区,开展茶商贸易,由于战事的需要,开展与少数民族茶马互市。

第三章 古道对陇南武术文化的影响

一、政治军事

陇南茶马古道在宋代形成至明代繁荣发展的阶段中,作为承载"茶马互市"这一基本国策的官方道路,在中央加强对西北地区的政治、军事统治以及维护国家统一中发挥了重要作用。"茶马互市"作为宋明时期的基本国策,主要是为了通过茶马贸易控制西北边疆,加强对西北地区的政治及军事统治,维护国家统一。北宋时期的战马来自西北的茶马交易,西北一带的马体格高大,最适合作战马用,而川西各地的马体格小,不宜作战马。正如《宋史·兵志》中记载:"市马分而为二:其一曰战马,生于西陲,良健可备行阵,今宕昌、峰贴峡、文州所产是也;其二曰羁縻马,产西南诸蛮,短小不及格,今黎、叙等五州所产是。"[①]此时大规模的茶马交易主要发生在陇南地区,交易的茶叶来自陕西汉中和四川两地,战马来源于甘番区,因此在两宋时期陇南茶马古道承担了运送茶叶和输送马匹的重要任务,在宋代抗击辽、夏、金的斗争中发挥了重要的政治军事作用。明代初期,明政府通过官府控制茶马贸易,以茶易马,通过满足边疆少数民族对茶叶的需求来换取战马,加强了中央王权的军事储备,同时稳定了边疆少数民族,使他们不南下扰乱中原,真正实现了西陲晏然无蕃寇之患。而陇南茶马古道则是为了实施这一政策而形成的进行茶马交易的重要通道,与开辟较早的其他道路一样,更多考虑了政治统治的需求,因此陇南茶马古道对中国古代西北边疆的安定统一发挥了重要的政治军事作用。

二、经济贸易

陇南茶马古道的开通加强了中原与西北少数民族之间的贸易往来,尤其在清代转变为民营商道后,更是带动了沿线的商品经济贸易,为沿线地区的经济繁荣做出了巨大的贡献。

陇南茶马古道自开通后,虽然茶马贸易一直处于官府的控制之下,但是随着茶马互市和陕甘川茶马古道的逐渐繁荣,也促进了陇南茶马古

---

① 格勒."茶马古道"的历史作用和现实意义初探[J].中国藏学,2002(3):59-64.

道沿线城镇的快速发展。相应的骡马店、铁匠铺、钉马掌铺以及一些商铺也应运而生。因此,陇南茶马古道不仅加强了中央对西北少数民族的军事控制,也带动了沿线地区的经济发展。

清代以后,官府控制的茶马交易停止后茶马古道上的交换走上了完全民营化的道路,这时由于战马不再是交换的商品,茶叶也不再是军事所需,而成为满足边疆广大民众需求的生活必需品。此时陇南茶马古道上不仅进行着茶马贸易,交易的商品还有农副土特产和畜牧产品,还有马匹、土布、蚕丝、药材、麻纸、核桃、木耳、栗子、柿饼、蜂蜜、皮毛、天麻、麝香和食盐等百货也开始进行流通,从而为西部经济的初期开发注入了无穷的活力,有力推动了古道沿线各地商品经济和区域经济的发展。在陇南茶马古道上过往的商旅和马帮为沿线西部地区商品经济的繁荣做出了贡献。

三、文化交流

陇南茶马古道加强了汉族与西北少数民族之间的联系,在促进民族融合、文化传播方面起到了重要的作用。道路交通一旦形成,学者、僧侣、官员、商人、工匠、农民都能沿路往来通行,在没有茶马互市的时期,他们的知识、信仰、技能也一样随着茶马古道传播扩散。这是人类渴望交流、建立关系的本能,也是为了生存而不得不发生的物资交换和人才交流。陇南茶马古道不仅对中国古代西北边疆的安定统一发挥了重要的政治军事作用和经济作用,同时也促进了中原与少数民族的文化交流。它不仅是陕、川内地与边疆连接的交通要道和市场网络道路支撑,而且是中国对外文化交流和文明传播的桥梁,是著名的西部贸易古道。至今陇南茶马古道沿线依旧保留着古朴的民俗风情及饮茶、制茶等习俗,反映出沿线乡土文化的源远流长。同时沿线还保留有众多与陕、甘、川茶马古道相关的遗产及古村落,这些古村落承载着历史发展和民俗民风的宝贵遗产,留下了丰厚的传统文化资源。如窑坪位于康县东北角,地处甘肃、陕西和四川三省交界处,是陕甘茶马古道康县段上重要的商品贸易集散地。窑坪市场始于明末清初,是陕甘茶马古道康县段东线从望关至略阳的重要枢纽,茶马贩与马帮多在这里歇脚,因此出现了相应的商铺及骡马店。

陇南茶马古道作为一条文化线路,其内涵不仅是茶马互市的载体,

第三章 古道对陇南武术文化的影响

同时也是一条人类活动的文化通道和文化传承的纽带,伴随着沿线区域民众的生产、生活而延续创新发展,凝聚了汉、藏、回等各民族的生产生活习俗和宗教信仰,在陇南康县,不论是毛山歌、康南花鼓、梅园神舞、唢呐、社火等民间音乐歌舞器,还是造纸、铸铧、面茶制作等传统手工业制作,都是茶马古道康县段沿线弥足珍贵的文化资源,是各民族多元民俗文化交汇融合的典型代表,是文化价值体现的载体,大大促进了各民族地区民俗、艺术、经济、文化的繁荣发展和传承创新。

四、社会融合方面

陇南茶马古道承载了多元的文化以及南来北往的人群汇聚,各地不同的习俗在此互动交融,在社会融合方面发挥了重要的作用。陇南茶马古道所经过的区域山川密布、古道纵横、风景殊绝、文化绚烂,古道呈网络分布,是连通陕西、甘肃、四川以及青海多个省份的古道,承担了各个时期的贸易及经济往来,同时与丝绸之路、唐蕃古道相连接,共同形成了内地与边疆连接的交通要道。陇南茶马古道的通行不仅带来了政治、文化、经济的繁荣发展,也传承了多元而淳厚的民族文化。南来北往的人群汇聚,各地不同的习俗和文化在此互动与交融。

陇南茶马古道是甘肃连接陕西、四川、青海的重要地段。明代后期及清初,农业经济遭到严重破坏,造成大量流民问题,由于白龙江流域山大沟深,林密流急,较少遭遇苛政和兵燹,因而吸引了大批流民。[①] 这些因经济、政治而移民的人们汇聚在此,促进了社会融合。同时陇南茶马古道沿线的商铺分布着各省商号,且目前沿线居民祖上也多为各省迁移而来,由此可以看出,陇南茶马古道在社会融合方面起到了重要的作用。

---

① 莫超.甘肃境内的西南官话——兼论方言形成与区域经济文化的交流[J].社会科学战线,2013(04):133-137.

第四节 陇南古道文化催生武术的发展

一、生产生活中孕育

在过去,交通极不方便,商人贩运商品全靠人背畜驮,行走在茶马古道上的是成千上万辛勤的马帮、脚户和肩挑背负的苦力"背脚子"。据明嘉靖《徽郡志》卷之四《田赋志》记载,"徽州北六十里火钻峪,系运茶要路。旧制设有花引所衙门在焉,其汉中府所属五州县课茶俱由此地运送秦州三十五里店交割"。火钻镇仅常年居住的运茶脚户就有百余名。专门用牲畜从事长途贩运业务的人被称为"脚户",而靠人力肩挑贩运商品的人被称为"背脚子",在陇蜀茶马古道上大的客商会雇佣脚户的马帮来贩运茶叶等商品,而小的客商则雇佣背脚子去背茶或其他商品。背脚子的商旅生活非常艰辛,西和春倌说春的《茶叶春》就有对背脚子生活的真实描述:"葛麻布,缝卡拿,茶客出在西礼家。鸡鸣寺,紫阳茶,固金坝里客背茶。背脚子,盘茶山,脚起泡泡汗流干。上七下八平十一,一天要走六十里。进到店里睡不倒,脊背磨出了血泡泡。一直背到甘省地,伸展脖子长出气。背到街头解了袋,茶叶摆到街上卖。称二两,称半斤,称茶的多数是有钱人。没钱的人儿看一眼,逢年过节喝一盅。贾胡窑,花儿沟,茶罐烧在窑里头。黄泥捏的罐罐多,四八集上买一个。细茶盅子景德镇,价钱贵着不敢用。喝茶多是老汉家,儿孙孝顺才喝茶。"从这则西和民谣里,我们可以看出背脚子的艰辛、茶叶的贵重、北方人饮茶的习俗,以及背脚子的贩运生活。鞭杆适合于行走在茶马古道上的脚户和背脚子,行路时随身携带,赶马、防身、歇脚时使用。

二、商贾中应用

陇南古道是秦陇通蜀的重要官道、商道,是走商行贾的重要通道。人文地理学研究认为:"地域文化的地理特征,其形成原因主要是受自然地理因素,人文地理因素及两种因素综合影响的结果。"历史地理学家葛剑雄认为:"在生产力和科学技术相对不发达的时代,地理环境所

第三章 古道对陇南武术文化的影响

起的作用比今天要大得多。"陇南的鞭杆由行走在高山深谷茶马古道上的"背脚子"首创,目的是防身自卫。长年累月地在茶马古道上行走和生活,脚户和背脚子们逐渐形成了一套独特的语言系统,这就是所谓的茶马人的"行话"。这种行话大致可分为两类:一类属于生活忌讳语,为的是避灾祸,求吉祥,一路顺风;另一类是"黑话",目的是为预防走漏消息,被路人或者土匪知晓,发生抢劫等意外事故。茶马古道上的脚户和背脚子们有很多忌讳,如称土匪为"线子上的",称小偷为"梁子上的",偷来的东西叫"水上来的",把"炝浆水"说成"热酸菜"。他们忌讳"炝"字,因为"炝"与"抢"同音,最怕遇上土匪杀人掠货。背上"背子"上路前,一般忌讳用火烫豌豆吃。把"到站了"说成"拢了",把"船靠岸了"说成"拢岸了",把"返回"家乡叫"涨了"。杯子里的水被打翻了,叫"小溢了";背的茶背子倒了,叫"抓了";打拐休息后准备抬脚,叫"提拐";途中休息,叫"放哨";货物短缺了,叫"货空";水深了叫"厚",水浅了叫"薄"。数字一、二、三、四、五、六、七、八、九、十分别叫"起""览""斜""缠""盘""乃""新""考""稍""齐"①。从清雍正十三年(1735年)废止官营茶马贸易一直到1955年,脚户的马帮和背脚子在高山深谷中的茶马古道上蜿蜒穿行了200多年后才完全消失在历史的时空里。

武术文化是人类社会实践的产物,因而不可能离开自然和社会的物质、经济、政治条件而凭空产生和孤立发展。陇南自古交通不便,多是山间小路,道路崎岖艰险,其交通以徒步较多,走山路时棍子也可以作为拐杖用。生活在这里的人们行商坐贾,对货物的运输全靠人背、骡马驮,人们背负重物时棍子可以作为"打柱"用,其实就像拐杖,它更大的作用是用来"歇脚",在山路陡坡休息时必须用"打拄"把货物支起来才能休息。在赶骡马牲口时用棍子作为赶牲口的工具。在这种艰苦的自然环境中,人们频繁使用棍子,后来逐渐演化成一种武术器械短棍——鞭杆。在实际运用中形成实用的单招手法,后经过前辈武师的编练,便形成套路。由简到繁,由少到多。在陇南有一句俗言:"陇南人生的硬,出门不离一条棍。"这也充分说明陇南的交通多为山岭沟洼道路,不仅山道盘蜒,行路不便,而且早期时常有虎狼、歹人出没,所以,大凡出门之人都

---

① 黄金鼎.西和商品运转中的"背脚子"[C]//西和文史资料(第二辑)[M].政协西和县委员会编,2004:561-564.

会随身携带一条短棍。这样形成种类繁多,形式多样,技法丰富的棍术。主要有金丝缠腕鞭、紫金鞭、黑虎鞭、缠海鞭、闩子鞭、扑堂鞭、五虎群羊鞭、拨草鞭、寻蛇鞭、滚龙鞭、白虎鞭、黑虎把洞门鞭、三十六鞭、四堵墙鞭杆等20余种。所以有"棍术鞭杆行陇原"的说法。棍可以作为肩挑货物的工具,也可以人背货物作为助步歇脚的工具,还可以作为防身的器械。鞭杆有三尺鞭杆和四尺鞭(称长鞭杆),还有袖里鞭杆(长一尺二寸)。陇南尤其以鞭杆盛行,鞭杆便于携带。陇南鞭杆的特点是长短适宜、运用方便、泼辣迅猛、两头并使、换手灵活、适宜格斗。鞭杆先练猴儿窜杆的技巧,以熟练把法;袖里鞭杆要求行鞭走步、鞭步同行,搬扎纽扣、缠绕提扫,更突出点击穴道的功法,成为独具一格的陇上一奇葩。

第四章　陇南棍术个案研究

陇南棍术有着悠久的历史,历经各个时期的发展,逐渐建立和形成了庞大的棍术体系,并且各项棍术都各有特色,深受武术爱好者的青睐。在陇南棍术中,陇南鞭杆、陇南链枷棍、紫金鞭等都有着一定的影响力,这些棍术世代相传,成为陇南武术体系的重要内容。本章在阐述陇南棍术发展的基础上,重点对一些重要的棍术项目进行一定的研究。

第一节　棍的发展历程

一、远古时期棍用以狩猎防身

远古时期,狩猎是人类最古老的生产活动,是人们维持生存和进行自我保护的活动,是人们在集体劳动和实际战斗生活中获得食物和战斗经验的秘诀。人们在对抗野兽入侵时,除了用拳脚之外,主要是使用木棒、石器等工具。石器和木棒在当时社会是作为生产工具和武器并存的。我国大量考古资料表明,棍在出现的初期,在原始社会主要是生产工具,也是最早用于战争中的武器之一。考古过程中木棒虽然已经腐烂,但从遗址出土的用于刮削木棒的大量刮木器、尖状器、砍砸器中也能得到间接的证明。根据"北京人"使用的这些石器和木器的形状和用途可以推断,石器和木棒可能就是后来的刀、斧、矛、戈等兵器的"始祖"。这很明显与二者在生活中比较容易获取和进行加工密切相关。这一时期也可以认为是棍发展的雏形阶段。

二、商周时期棍成为作战兵器之一

商周时期,人类战争尚处于初期阶段,此时棍棒也是作战的武器之一。《六韬·龙韬·农具》中记载:"镢锸斧锯杵臼,其攻城器也。"商周时期盛行车战,参加战争的人数越来越多,战争的规模也越来越大。统治者为了取得战争的胜利,便在兵器上大做文章。为使兵器在战争中发挥最大的威力,棍棒便与金属有了结合,出现了一种棍棒变形兵器,在木柄上装铜球的殳,这样既增强了兵器的打击力度,又增加了兵器的灵活性。殳随着战争的升级也在逐渐演化,从考古出土的文物中可以证明这一点。随着车战逐步退出战争舞台,殳的实战价值逐渐减弱。但是,殳在演进过程中给人们的启示并没有因它的消失而减弱。之后,棍又发生了更多的演化,发展出变异的武器,发挥了更大的杀伤力和威慑力。

三、秦汉时期棍得到进一步发展

棍作为兵器在秦汉时期也有记载。秦始皇在位期间收缴天下兵器进行销毁,目的是限制民间武艺活动。有关武术的活动,除角抵外,其余不多见。《史记·陈涉世家》《汉书》《过秦论》都记有"揭竿而起"的史实。陈胜和吴广于秦二世元年(公元前209年)起义反秦。秦始皇为防止人民反秦,收天下之兵器,铸金人十二。秦末时期,陈胜、吴广发动农民起义,他们带领起义者挥臂呐喊,用木棍与秦统治者进行斗争。"斩木为兵,揭竿而起"实则是出于手无寸铁的无奈。所谓"斩木为兵",就是把树木斩断,削去枝叶成为木棍,当作兵器。因为人民手中几乎无武器可言,所以起义者们只有把目光转向棍棒。这一著名案例很清楚地反映出了棍出现的契机——统治者禁武。禁武制约了武术发展,但成就了棍的发展。作为生产生活工具的棍便于携带,又不会对人构成较大的杀伤力,因而获得了相对宽松的发展空间。

四、唐宋时期棍成为重要武器

唐代时期,棍棒已经发展成为军中装备,作为兵器用于战斗较为多

第四章 陇南棍术个案研究

见。在唐代棍的使用不仅仅局限于将领,士兵们平时操练也有此装备。《资治通鉴·唐记六十一》中提到:"郑注于李巡谋,至镇,选壮士数百,皆持白棓,怀其斧,以为亲兵。"当时关于棍的使用最为有名的莫过于少林棍僧了。唐代曾有少林寺十三棍僧救唐王的传说。唐初,武德三年(公元620年),高祖李渊派秦王李世民进攻洛阳王世充,王世充侄王仁则在少林寺西北五十里柏谷墅设防抗拒。李世民请少林寺僧众帮助攻击王仁则,寺僧志操、惠玚、昙宗等13人率僧众参战,执王仁则归唐。后来,唐太宗李世民嘉奖少林寺"赐地四十顷、水碾一具",并允许少林寺设僧兵。在唐代以少林寺为主要代表,他们拥有自己的武装力量,且经朝廷认可,可以组织僧兵进行武艺操练,使得少林寺的棍术达到了较高的水平,棍也成为当时主要器械的代表。同时也表明,棍在唐代之前已经作为兵器逐渐兴起。

　　宋代棍棒仍在战争中使用且已有了多种形制。宋代棍棒的使用在《武经总要》中就有记载:"取坚木重木为之,长四五尺,异名有四:曰棒、曰轮、曰杆、曰杆"。这一时期的棒分类较细,形似棍类大梢子和鞭类二节铁鞭的,叫作铁链夹棒;以铁皮包裹其上的,是柯藜棒;在棒首安双面钩的,叫钩竿;在棒首安单面钩并在棒末安利刃的,叫钩棒;长度稍长且有一定重量的,称为杆棒;两头粗大中间细长,似古代农家舂米用的工具,叫杵棒;两端绘有图案并近似现代棍的,叫白棒;无刃而有数个倒钩,形似抓子的,叫抓子棒;棒头为椭圆形锤状,锤面布满铁刺,棒柄为坚木,叫狼牙棒。这些棍棒一直沿用到冷兵器退出战争舞台为止,并进而演变为武术器械。此时棍棒的使用相当普遍,如公人捕快等都配有棍棒,在许多小说、话本中都有关于棍棒的描写。明容与堂刻本《水浒传》第九回"柴进门招天下客　林冲棒打洪教头"写道:

　　薛霸随即把林冲护身枷开了。柴进大喜道:"今番两位教师再试一棒。"洪教头见他却才棒法怯了,肚里平欺他做,提起棒却待要使。柴进叫道:"且住!"叫庄客取出一锭银来,重二十五两,无一时,至面前。柴进乃言:"二位教头比试,非比其他,这锭银子权为利物,若是赢,便将此银子去。"柴进心中只要林冲把出本事来,故意将银子丢在地下。洪教头深怪林冲来,又要争这个大银子,又怕输了锐气。把棒来尽心使个旗鼓,吐个门户,唤做"把火烧天势"。林冲想道:"柴大官人心里只要我赢他。"也横着棒,使个门户,吐个势,唤做"拔草寻蛇势"。洪教头喝一声:"来来来!"便使棒盖将入来。林冲往后一退,洪教头赶入一步,提起棒,又复一棒下来。林冲看他步已乱了,被林冲把棒从地下一跳。洪教头措手不及,就那一跳里,和身一转,那棒直扫着洪教头臁儿骨上,撇了棒,扑地倒了。柴进大喜,叫快将酒来把盏。众人一齐大笑。洪教头那里挣扎起来。众庄客一头笑着,扶了洪教头,羞颜满面,自投庄外去了。

这里也提到了"棒法"和"旗鼓",还提到吐个"门户"。通过这个故事,可以断定,宋代民间棒法是很流行的。

宋代杂兵器较多,这时民间使棒的活动非常普及,出现了一些自发组织的社会小团体,如河北、河东阴相朋结,号为"棍子社",由于各种社团的出现,使得宋代的棍术呈现多样化的景象,习武练棍的活动遍及城市与乡村,各地不同的棍术派别争奇斗艳,各有千秋,极大地促进了棍术的发展和演变。

五、明清时期棍的全面发展

中国武术发展的顶峰出现在明清时期,此时有了较为完备的技击术,而且武术著作也在此时期接踵而至,为各种器械的发展提供了良好的契机。如俞大猷的《剑经》、程宗猷的《少林棍法阐宗》。俞大猷是棍术名家,他极为推崇棍法:"用棍如读《四书》,钩、刀、枪、钯如各习一经。《四书》既明,六经之理亦明矣。若能棍,则各利器之法从此得矣。"程宗猷称棍为艺中"魁首"。何良臣则云:"学艺先习拳,次习棍。拳棍法明,则刀枪诸技,特易易耳。所以拳棍为诸艺之本源也。"明代许多武术名家,都高度推崇棍的妙用和威力。经过这一时期的衍化和淘汰,以刀、枪、剑、棍为代表的诸多兵器脱颖而出。其中棍正是在这一时期得以极大的繁荣,为广大武林门派所使用。明代棍术已经有了不同的派别,且各派别风格迥异,如少林棍、青田棍、俞大猷棍法等著名棍法。在明嘉靖时有一部较为完整的兵书《江南经略》,为郑若曾所著,书中记载了流行于当时的常规使用兵器,如枪法、刀法、弓弩法等,又记载了杂器械、马上器械、拳法等,而常规使用兵器中以棍法最多,总共记录了有31家。棍的史料记载丰富了棍的文化内涵,为棍的发展奠定了良好的基础。由于棍术众多派别风格迥异,所以棍的形制也就有所不同。

第四章　陇南棍术个案研究

六、近代时期的棍术

当清朝八旗子弟兵的弓箭、大刀和长矛无法在战场上抵挡以英国为首的西方列强的洋枪洋炮时,在中国传承了几千年的冷兵器便退出了历史舞台,在军旅中消失,民间武艺便逐渐成为中华传统武艺的主体。

在清政府被以孙中山领导的民主革命于辛亥年间推翻后,中国社会便进入了民国时期。然而,由于西方体育随着西方列强的殖民而强势进入中华大地,以及近代各种西方体育活动在中国的进一步蓬勃开展,我国旧有的民间武艺和民间各种娱乐健身的民族项目受到了强烈的冲击。在此种情况下,民国政府的一些要人和社会名流,包括"民国国父"孙中山本人,都提倡大力发展我国的民族武术,这样在近代"土洋体育之争"中,农耕文明氤氲滋养的中华传统技术在冷兵器时代消亡后,就以体育的性质和身份焕发出传统武艺新的面貌。

民国时期,由于政府的介入与领导,传统武术活动以组织化的形式开展各种活动。其组织由隶属官方的各级国术馆机构和由民间自发组成的各类社会武术团体两大系统所构成。而棍术作为民国时期尚武强国、"谋种族强盛"的一个教育载体进入新武术阵列。民间武术经过改革,推陈而出新,成为中国自己的体育内容,并与西洋体育分庭抗礼,可视为近代中国武术主动走向体育化的起点;同时,它为武术进入学校提供了一种较为可行的形式,并为传统武术的近代化转型做了有益的尝试。

第二节　陇南棍术的发展

棍是人类最初使用的生活工具,以其资源的丰富、易取、易制、易用等特点,在生产力低下的荒蛮时代和文明初期,被原始族群、部落用作争夺生活资料、领地、配偶等的斗杀器具,"民固剥林木以战矣",从此使棍从劳动用具转变为兵器,在战争和军旅中长期使用。由于棍天然圆柱状,又无刃、无尖,且有硬度和韧劲,且棍的长短、粗细、轻重等可依据使用者的具体特征而灵活变化,所以,棍常被用作武器。再者,棍术的许多技法与长枪、大刀、刀剑等器械的技法具有相通性,练习者可以通过棍术的练习来掌握相似的技法,因此,在冷兵器时代,军旅中常用长棍来代替以枪为主的长兵,以短棍来代替以刀剑为主的短兵,从而进行长短兵的技术训练和兵场的较艺比试。而在民间,由于木质棍不在封建王朝的禁兵之列,所以,民间艺人就将以枪为主的长兵和以刀剑为主的短兵的技法隐匿于棍术之中,以棍练枪、以棍练刀,形成了众多的棍术和棍术流派,棍也因此被尊称为"百兵之祖"。棍以木制为主,取材简便,长短皆宜,实用性强。武谚有:"先学拳,次学棍""拳为武艺之源,棍为兵械之祖"的说法,何良辰在《阵纪·技用》称:"学艺先学拳,次学棍,拳棍法明,则刀枪诸技,特易易耳,所以拳棍为诸艺之本源也。"

　　陇南高山、深壑较多,古代这里森林茂密,水草肥美,交通极不便利,人们出行常带一根棍,手拿棍可以防身壮胆,又可以用来担东西,还可以用作拐杖。陇南地区的经济在近现代非常落后,致使许多习武之人无力购置金属器械。而棍为木质,由树的枝干可制,取材方便,简易可制,因此,许多习武之人都以棍为器,用长棍和条子来练习枪术,用鞭杆来兼练短器械等,由此形成了陇南地区习棍的传统和态势,人们对棍的技击不断实践、探索,不断总结棍的技击特点,久而久之形成了棍的套路。另外,在明代设卫,下辖千户所,派兵守卫站驿,这种以卫所制为主的兵役制使大批军民落籍于各卫,不仅将军旅武艺传入民间,而且在明朝灭亡后变军为民。调研时发现,有的棍就是从军营传入民间且流传至今。

　　陇南棍术在长期发展中,或由外传入,或起源于本土,在数代武术人的辛勤积累下,建立起了庞大的棍术体系,主要有长棍系列、条子系列、排字系列和鞭杆系列。长棍棍术主要有劈柴母子棍、盘龙棍、天启棍、蒲团棍、乱步摊棍、扭丝棍、齐眉棍、四门棍、行者棍、梅花棍、翻海棍、五虎群羊棍等;条子是以棍练枪,可谓去掉了枪头的长枪,主要有迎风条子、琵琶条子、水仙条子、黄龙条子等;排字系列主要有大棍排字、少林排字棍等;鞭杆系列有缠腕鞭、紫金鞭、黑虎鞭、闩子鞭、扑堂鞭、五虎群羊鞭、拨草鞭、寻蛇鞭、滚龙鞭、白虎鞭、黑虎把洞门鞭、三十六鞭等。

第四章 陇南棍术个案研究

一、陇南鞭杆

陇南无论是夏商时的氐、羌,还是在此繁衍生息强大的秦人,都游牧养马,善骑射、狩猎。这样的人文环境凸显了陇南人尚武坚刚之气,透射出剽悍、强健和勇猛之风。上古时的礼县、西河、西汉水流域、延川一带包括山上都比较平坦,是天然的牧马场,气候湿润,水草丰茂,大地山川一片葱郁,适合六畜生长,而且,礼县盐官古今有井盐。秦非子牧马的中心就在礼县盐官一带。人畜的生长需要盐,而且马饮了含盐之水会更加肥美,有力量。据《西和县志》(朱绣梓编著)记载:"盐官城内卤池,广阔十余丈,池水浩瀚,色碧味咸,四时不涸,饮马于此,立见肥壮。"秦人以畜牧战马起家、强大而立国,由牧马鞭逐渐演化成鞭杆,虽没有史书明确的记载,但是有这种可能的。劳动创造了人类的一切,棍及棍术也不例外。古人在与大自然的斗争中逐渐适应了大自然,学会了利用自然界的工具,如石器、木棒等,秦人在这一带养马繁衍生息,用木棍作为赶马的工具,放马而使用"赶马鞭",由于后人对先祖挂怀而称为鞭杆。陇南是远古氐、羌人腹地,古时氐、羌人的核心活动地带。据赵逵夫先生考证,氐人就发祥于陇南西和的仇池,《山海经》中"刑天葬首"的常羊山即今西和的仇池山,在魏晋时期在陇南建立了仇池国政权。《魏书·氐传》称"四方流人以仇池丰实,多往依附",说明了在仇池建立氐政权强盛。《北史·宕昌传》记载,国土"自仇池以西,东西千里,席(籍)水以南,南北八百里。地多山阜,人二万余"。这里说的就是古宕昌国,宕昌国是羌人政权。所以氐羌文化深深根植于陇南地域。2004年,"早期秦文化联合考古队"在西汉水上游一带考古发掘中发现,这一带也是寺洼文化的中心地带,寺洼文化是游牧文化的代表形态。羌人在放牧时为了使自己和羊群不受到动物的威胁,他们的手中常常握着一根短棍,练习攻防的自卫之术。由于这种短棍的长度和放羊鞭的长度相近,久而久之牧羊人手中的短棍就逐渐演化成鞭杆。灿烂、繁荣的远古文明为陇南武术文化的形成奠定下了坚实的基础,亦农亦牧的自然经济条件为多民族的生存、交流、融合提供了保障。这里既是西北羌、戎等各少数民族的聚居之地,又是中原王朝重要的边陲,同时也是西北少数民族文化与中原文明对话、交流、碰撞的前沿。自周秦以来,这里成为古代华夏民族迁徙、民族大融合的地方,商周、秦汉以来,这里先后有多个民族发展繁衍,形成了有着多元文化内涵的异彩纷呈的陇南武术文化。

(一)陇南鞭杆的特点

陇南鞭杆很朴实,就是一条短木棍,取材于木头,主要是白蜡杆或材质、韧性好和抗击性强的木材,不像其他地方的"鞭杆"有"把"和"梢"的讲究。鞭身长度为三尺五或二尺五,鞭身粗度约为3—3.5厘米。鞭杆短而圆,无刃、无锋,双头并用,单双手互换,携带方便,成为人们喜爱的民间武术器械项目。

陇南鞭杆是人们在长期生产劳动和生活中不断总结经验的产物。它不是十八般兵器之一,只是一种在特定历史条件下形成的与劳动工具结合起来的产物。陇南地形多为山岭沟洼之地,山道弯曲,交通很是不便,歹人虎狼时常出没,因此外出远门之人通常都会携带这种轻便防身的武器。陇南仍有久负盛名的茶马古道,行走在商贸古道上的马帮、脚户和肩挑背负的苦力"背脚子"用鞭子和棍子赶马,用棍子作拐杖,遇劫匪的时候,人们就经常用赶马的棍子进行对抗,久而久之,这种短棍就成了鞭杆,并在数代前辈们的实践、探索、钻研、总结下,发展成一项健身和技击并重、内容丰富、风格独特的武术项目——鞭杆技法。陇南鞭杆是防卫的产物,所以棍法古拙朴实,简单明了,一招制敌,没有花式,一招一式,非打即防,极富攻击性。在套路的编排上,一个或几个攻防动作组成一段(一环),一段来回打两次,成为"对口式",这种组合形式出现在陇南鞭杆百分之九十以上的套路中,这样编排套路是把每段中一两个打防招数反复练两次,以达到动作熟练的目的,而且有些有五段的传统套路,打"对口"才能回到原位置。陇南鞭杆四段者,有滚龙鞭、缠海鞭,五段者有黑虎鞭、白虎鞭、紫金鞭,六段者有闫子鞭、扑堂鞭、拨草寻蛇鞭等。以四、五、六段为主要组合形式,套路大都短小精悍,简单易学。

(二)陇南鞭杆的价值

1. 历史文化价值

陇南鞭杆从侧面反映了地域历史文化的变迁,承载了民族历史文化的记忆,它在生产、劳动中产生,在生活应用中传承,在外来交流中提高和完善。陇南位于甘肃省南陲,东连陕西,南接四川,西邻甘南藏族自治

第四章 陇南棍术个案研究

州,属秦巴山地、岷山山脉和黄土高原的交汇地带,是我国大陆第二级阶梯向第三阶梯过渡的地带。其特殊的地理环境成为联系西南、西北和中原的重要商道,这是一条重要的茶马古道,陇南鞭杆是人们在这条繁忙商道上防身御敌的重要手段。陇南鞭杆是非物质文化遗产,是研究陇南段"茶马古道"上人们活动状况的重要依据。它体现了陇南人朴实的性格特点,鞭杆在演练中没有花棍,绝大部分都是攻防的实招。由于茶马古道具有广泛的群众参与性,鞭杆在交流中吸收了刀的勇猛、剑的轻盈、棍的灵活,逐渐发展成为20多种套路。鞭杆反映了陇南在古代重要的商贸历史文化,反映了陇南交通的艰险和陇南人民艰辛的生活状态。研究鞭杆文化,对认识西北各地的地理环境和文化底蕴有着极其重要的作用。

2. 健身价值

陇南鞭杆群众基础好,绝大多数人对其有很深的认同感,参与练习的人比较多。鞭杆制作简单,经济实惠,便于携带,动作简单易学,朴实无华,都是一些实用攻防招式,深受人们的喜爱。鞭杆适合不同年龄阶段的人练习,有的鞭杆演练动作刚猛,身鞭合一,这对年轻人爆发力、身体协调性、灵敏性的发展及脚步灵活性的提高都有很好的作用。中老年人练习鞭杆可以选择动作慢一些,架势要求不高的技术动作,如练习溜鞭技术、简单的套路技术,从而锻炼身体的平衡性,疏通筋骨,提高中枢神经的调节能力。陇南鞭杆植根于农耕文化,承传比较好的地方大都是农村,可以利用其受场地影响小、村民认同感强等优势,进一步推进陇南农村全民健身工作的开展,把鞭杆技术的演练推广到社区,使人们多一种健身方式。

3. 技击价值

鞭杆具有技击性,其有刀的勇猛、剑的轻盈、棍的灵活,也被称为短棍,是集剑法、刀法、棍法等于一体的一种武术器械,也是技法与招法最为丰富的武术器械之一。鞭杆是短兵器的一种,它短小无刃,使用起来便捷,携带方便。不用它的时候,它没有像其他器械一样看起来具有很强的杀气,但用起来的时候,它的技击力度绝对不亚于其他任何武器。它的握法多样,用法灵活。鞭杆的任何部位都可以用来进攻,什么部位也都可以握,它的握法是根据实际情况而定的,对握法的唯一要求就是手不离鞭、鞭不离身、梢把并用、长短兼施。鞭杆动作内容丰富,技法科学合理,招法简单实用,简练朴实。"无折腰纵险之痛苦,无跃高臂膝之危劳",由此可知鞭杆对练习者的身体素质要求不高,容易入门,男女老少不同人群均可练习,练习过程中不会遇到有危险性的困难动作,招式套路大多简单明了,一目了然,易于学习。同时练习鞭杆既可追求技法,也可追求美观,科学合理的练习方法对身体很有好处,长期坚持练习则"疾者能愈,弱者能强"。此外,鞭杆练习对器械和场地的要求较低,方寸之地亦可练习,半截木棒亦是武器。

二、陇南链枷棍

图4-1 在礼县调研时发现的链枷棍

如果说鞭杆是棍术中的"奇珍",那另一种极具民间生产劳动特色的棍法——链枷棍(图4-1),就应该算是传统武术文化中的"异宝"了。早在宋朝时期,就有铁链夹棒,据《武经总要》记载:"铁链夹棒,本出西戎,马上用之,以敌汉之步兵,其状如农家打麦之枷,以铁饰之,利于自上击下,故汉兵善用者巧于戎人。"可见链枷棍至少有1 000年的历史,主要用在军事上。当时的西戎在今天的甘肃陇南等地区,至今甘肃农村打麦用的农具"链枷"仍随处可见,而且作为一种打麦的主要工具而一直沿袭下来。链枷棍在陇南一带的民间流传较为普遍,它原是农家打麦的一种农具,但经过长期生产、生活实践而演变成了一种武术兵器。链枷棍有长链枷棍和短链枷棍两种。长链枷棍是由一根长棍和一根短棍中间用钢环连接而构成,长棍把部分一般在五尺左右,短把部分长约一尺三寸左右,短头一般用铁皮包头。短链枷棍是由大链枷棍缩短而成的,两把同长,一般是长棍的三分之一,中间亦用环链连接,可双手持双把头。链枷棍中间用三个钢环连接,三环当中一环旁挂两个耳环,称为响环,演练起来嚓嚓有声,可助人胆色劲力。短链枷棍应该是当代"双节棍"的"鼻祖"。

在调研时所见的演练是长链枷棍。舞动时以长棍带动短棍,利用长棍的运动惯性走弧形路线而爆发的打击力量,这种力量往往是其他器械所不能代替的,它的技法特点体现在长棍的架、戳、抢、劈、扫、拔、推等方面,还表现在链枷棍短头运动技法上的扫上劈上、左右甩抢、上下翻打以及长头短头合用的技击风格中,在演练时还会加一些舞花,再结合步伐、身法、跳跃等构成套路。此器械可单练也可对练,招法简洁、灵活多变,内容丰富,是一种收放自如、软硬兼施、实战性很强的软兵器类民间武术。链枷棍一般没有名称,大部分一套套路就叫链枷棍。

链枷棍是一种历史久远、文化内涵丰富的武术器械,值得我们去深入研究它的来龙去脉。南宋学者周密、清代学者赵翼都曾留意于它,给我们提供了一些探索的依据。作为打麦的农具,链枷在我国出现得很早,至少在春秋时代就有了。《国语》卷6《齐语》记管仲对齐桓公说:"令夫农,群萃而州处,察其四时,权节其用,耒、耜、枷、芟。"三国韦昭的《注》说:"枷,拂也,所以击草也。"《汉书》卷100《王莽传》云:"西载,北载拂。"唐代颜师古的《注》说:"拂音佛,所以治禾者也,今谓之连架。"可见"连架"这个名字唐以前就出现了。在唐代,这种农具又被军事家们用作一种守城的兵器。杜佑《通典》卷152《兵五·守拒法》中曾提到它在守城时的功用:"连枷,如打禾链枷状,打女墙外上城敌人。"这简单的十几个字告诉我们,作为兵器的链枷非直接取自农具,而是专门制作的,状如链枷,但一定比农家的链枷重、结实,否则便没有足够的杀伤力。宋代是链枷走俏的朝代,不但仍旧用于守城,而且变成了一种非常重要的马上兵器。先说守城,《武经总要·前集·守城》载:"若登者渐多,则御以狼牙铁拍;手渐攀城,则以连枷棒击之。"南宋初,陈规以自己的亲身经历写成《守城录》一书,在卷3《德安守御录》中写道:"城上人用砖石及连點棒、长枪、弓弩拒退。""连點棒"应是"链枷棒"的异写。从上两例不难看出,宋代链枷用于守城,是从唐代延续下来的,主要功用还是对付已经攀登到城头的敌兵,利用链枷结构上的特点,打击敌人露出垛口的手和头。再说马上兵器,骑兵用的链枷,属于短兵类,有的通体用铁制成,如南宋周密所说:"又以铁之,短兵之利便也。"有的是木质而用铁皮裹其外,或加上铁箍。《武经总要·前集·器图》中有它的图式,还有一段文字介绍:"铁链夹棒,本出西戎,马上用之,以敌汉之步兵,其状如农家打麦之连枷,以铁饰之,利于自上击下,故汉兵善用者巧于戎人。"所谓"西戎",应指长期与北宋对抗的西夏。唐末五代以来,北方少数民族和西北少数民族,如契丹、女真、西夏等,骑战中喜欢用铁质的击打型兵器,如铁鞭、铁简、铁锥,此外还有铁链锥、铁链棒等。这当然与少数民族擅长骑战有关。充分利用战马奔驰的冲击力,发挥精良的骑术,以重器打击身着优质甲胄的汉军,特别是"自上击下"来攻击步兵,是少数民族作战的技术优势。长期同少数民族作战的宋军注意到对方的优长,于是大力发展骑兵,采用马上击打兵器,成为宋代武备的一个显著特点。链枷棍可以说是陇南古代先民的遗韵,秦人祖先非子后代秦仲就在陇南一带与西戎作战,并战死,其子庄公继承遗志与戎作战,收复失地,被宣王封为西垂大夫。

第三节 陇南棍术个案整理研究

一、排子棍

排子棍,是棍术的模拟对抗训练和实际格斗的形式。排子分死排子和活排子:死排子是习练排子的两个习棍者,从两人各自棍长加一臂的距离持棍站立开始,按固定的棍势套子编排所进行的,你来我往、左右周旋、变势走棍,以熟练和掌握棍法、棍势,提高对抗能力为目的的模拟对抗练习形式。而活排子则是两人用棍进行真击实打较量的斗棍形式。冷兵器时代以金属器械为主兵器,然而,由于棍的木质属性,无枪之尖与刀之刃,且为钝器,在军旅中常用来代替长枪与大刀。《水浒传》第十三回中描写了杨志与周谨在北京比试马枪的场面:"两根银枪都去了枪头,各用毡片包裹,地下蘸了石灰,再各上马,都与皂衣

第四章 陇南棍术个案研究

穿着。"这样在避免金属器械直接伤害的情况下可以提高实际的杀敌本领。

民间由于棍不在朝廷的"禁兵之列",所以,民间武者也多以棍来习练枪术与刀艺,因而形成或创造出以棍为载体的训练方式。这样棍既是对抗的训练手段,又是直接对抗的方式与载体,因其类似于骑兵马战的回合厮杀,所以称之为排子,也叫棍排,把排子技术专归于棍器,称为排棍。《少林棍法阐宗》记载:"排棍亦少林名棍也,两人相排,一上一下,一来一往,周旋回转。近身入怀,两相演用之棍",程宗猷称其"是活法无定势,不能绘图"。而少林棍的排棍"原传六路,今只用上、中、下三路,即本寺亦置之矣。如今,在陇南流传有大棍排子、走棍排子等。如下是王海平拳师演练的走棍排子动作套路示意图。

（一）第一环

图 4-2 走棍排子动作第一环

第四章 陇南棍术个案研究

(二)第二环

图 4-3 走棍排子动作第二环

(三)第三环

第四章 陇南棍术个案研究

陇南武术文化研究

第四章　陇南棍术个案研究

图 4-4　走棍排子动作第三环

二、梅花棍及紫金鞭传承介绍

梅花棍及紫金鞭传承达上百年,这是西和赵斌(赵把式)祖传之棍,赵斌祖父是武秀才赵茹,传于赵斌父亲,后传于赵斌,由赵斌传于其子赵方针以及其徒弟王森林等,现流传于西和。西和武术名家赵斌拳派承系图如图 4-5 所示。

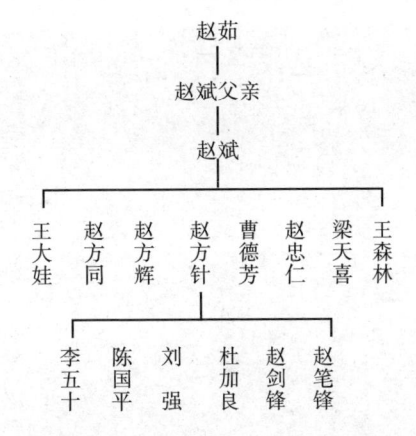

图 4-5　西和武术名家赵斌(赵把式)拳派承系图

棍术套路表现出西棍的特点,在演练时将身法和棍体合二为一,通过身法的吞吐开合,起伏拧转,脚步相随,内外合一,将周身的劲力聚于棍体的着力部位,瞬间发出,使其棍法和棍势在演练时急如离弦之箭,缓似黄河平流。在套路的走势中,把活腕灵、洒脱机便,将磅礴的气势和生动的气韵倾泻而出,折射出汉民族的睿智与大气以及游牧民族的彪悍与粗犷的性情。

梅花棍棍诀

未曾出手龙摆尾,梅花棍法显神威。
压一棍猛虎翻身,好似童儿拜观音。
雪花压顶往后看,使动盘龙左右站。
提棍好似虎伤羊,洞宾背剑下山岗。
紧三枪实难躲避,缠三枪盖世无双。
八十老翁去看田,手搭凉棚仔细观。
缠头扭丝实无防,童子抱树把身藏。
撩膝抛肘定心枪,黑虎托鞭实难防。
仙人指路往前进,翻海棍打破金刚。
头一棍雪里迎风,第二棍疯魔扫秦。
三棍湘子劈花岭,回头一棍落地身。
再赶一棍定纲常,梅花棍法把名扬。

梅花棍由西和老拳师王森林演练(图4-6)。

第四章 陇南棍术个案研究

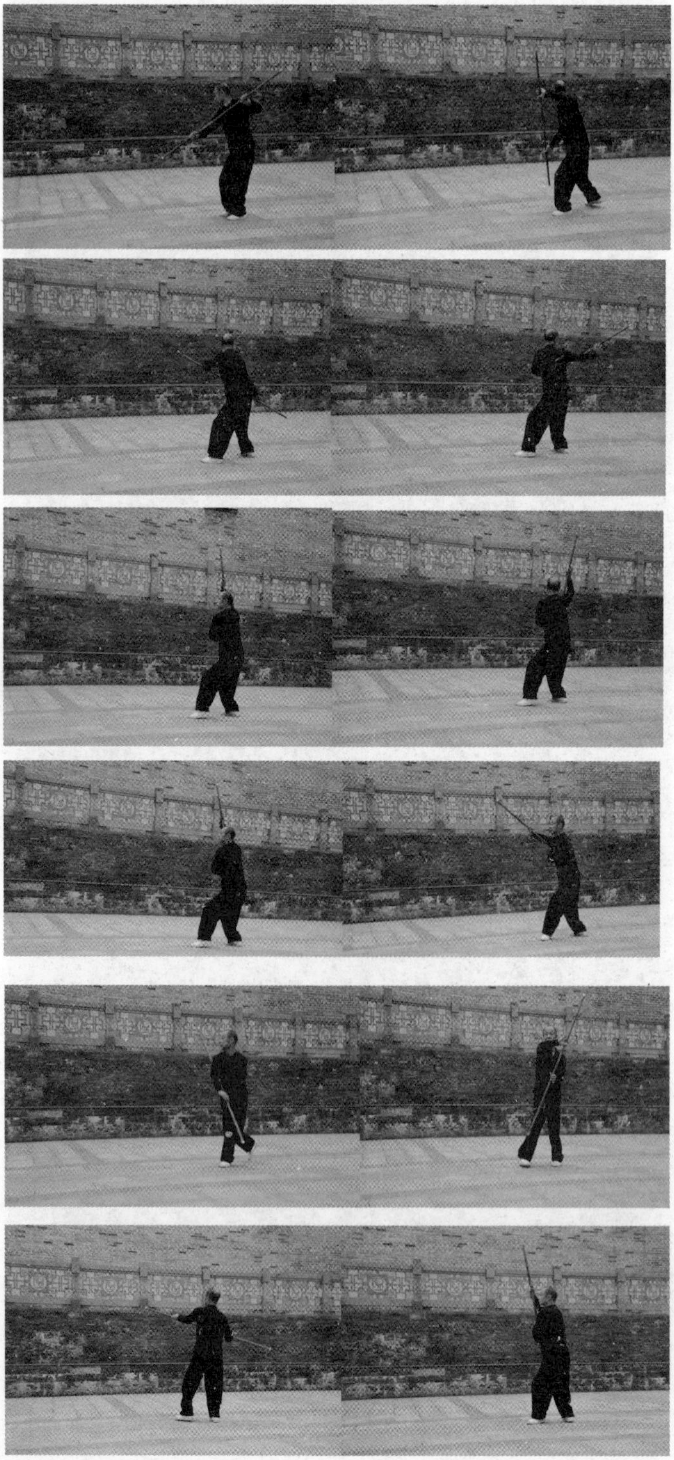

第四章 陇南棍术个案研究

图 4-6　梅花棍动作套路

紫金鞭拳谱

怀中抱月把鞭藏,提上打下脚下忙。
湘子吹笛担肩上,海底掏月把敌伤。
空手夺枪鸡跳架,连赶两步人难防。
苏秦背剑蛇步行,犹如猛虎入鸡场。
流星赶月蛇吐信,黑虎掏心一命亡。
鞭传有缘德为先,无德之人不可传。

紫金鞭由西和老拳师王森林演练(图 4-7)。

第四章 陇南棍术个案研究

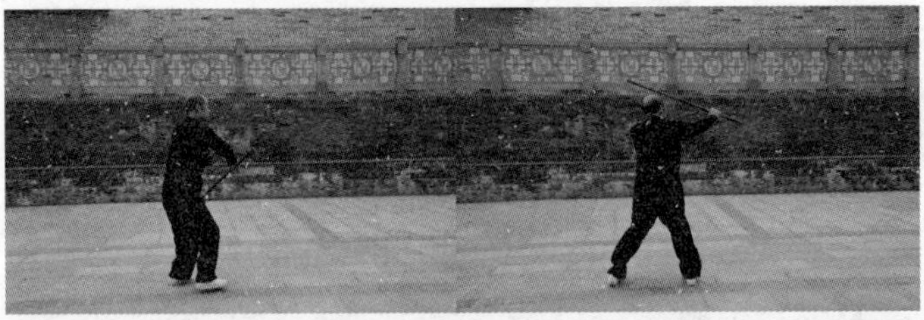

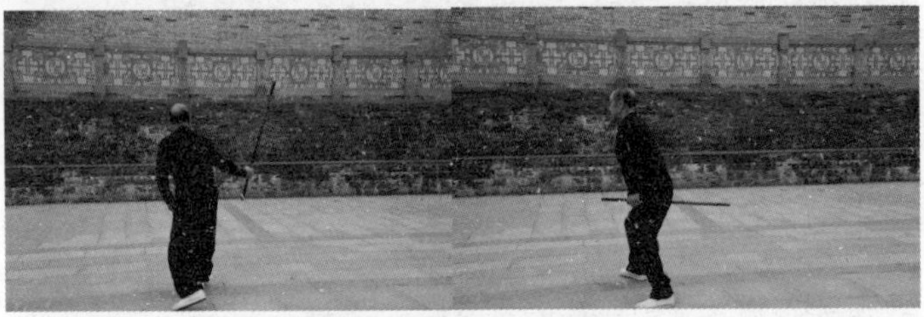

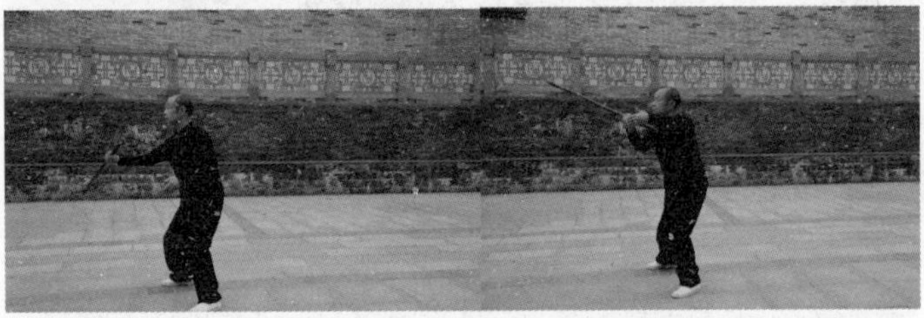

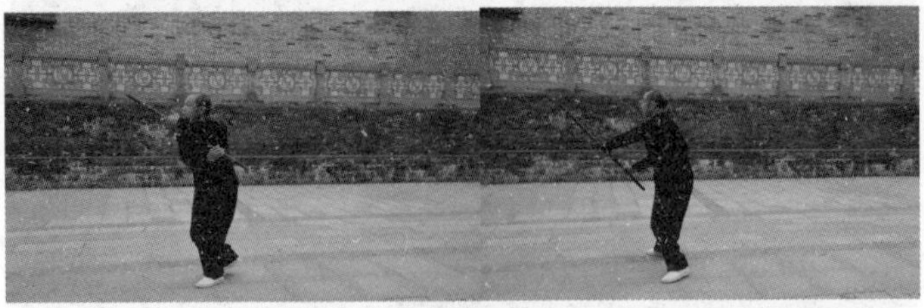

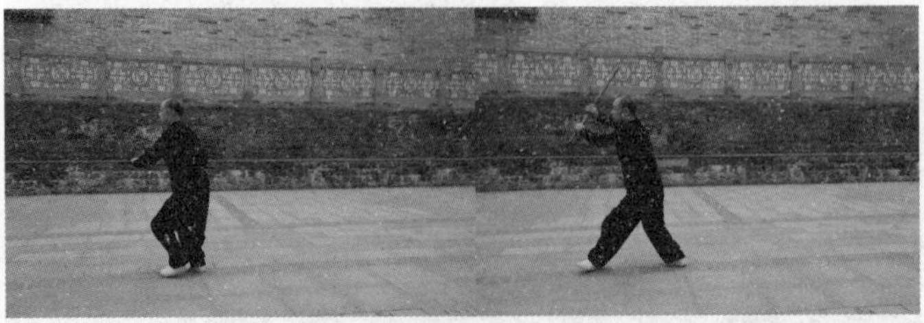

第四章 陇南棍术个案研究

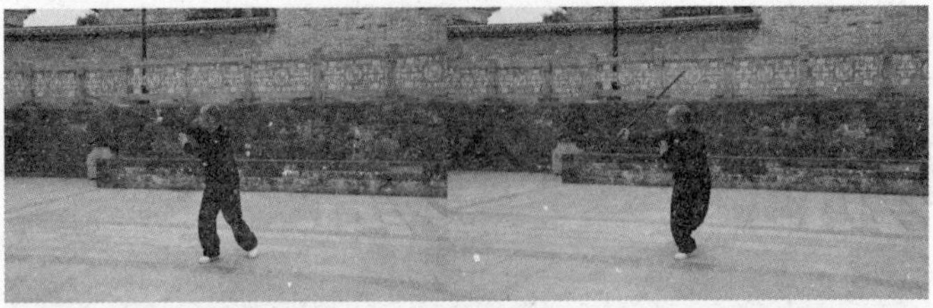

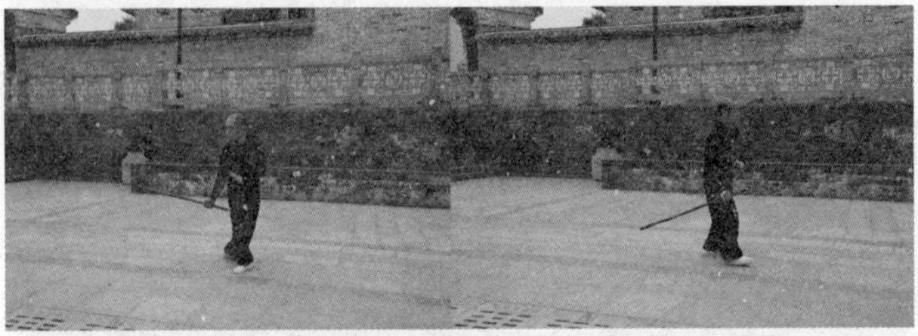

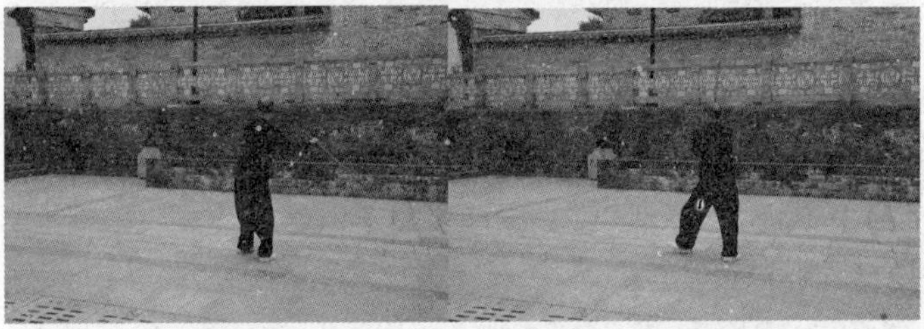

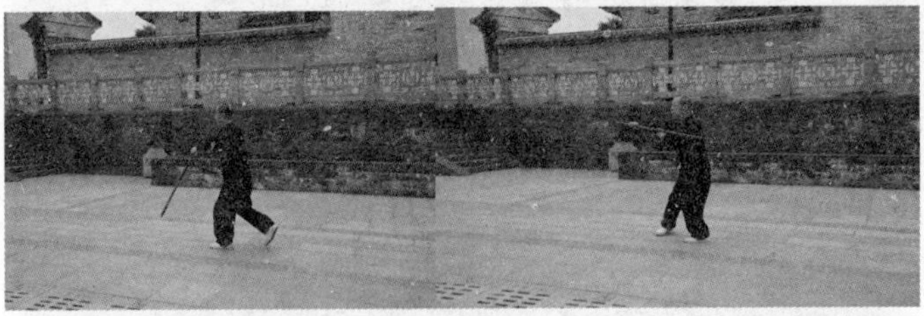

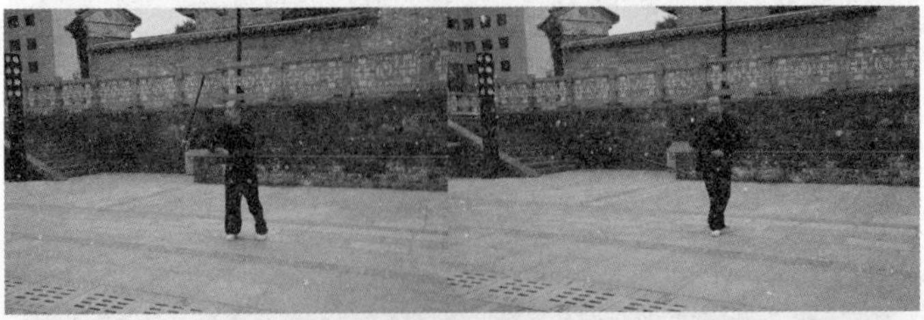

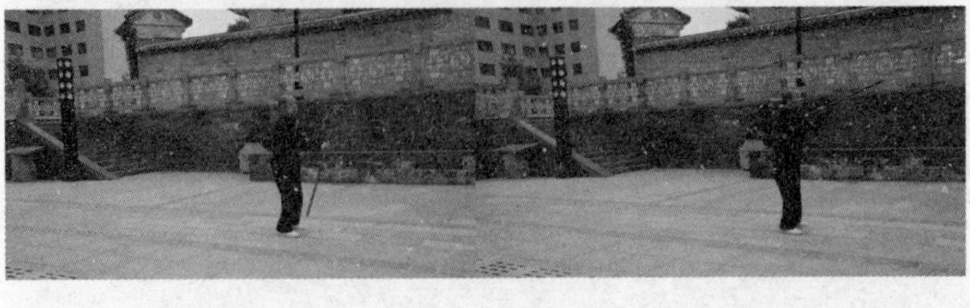

第四章　陇南棍术个案研究

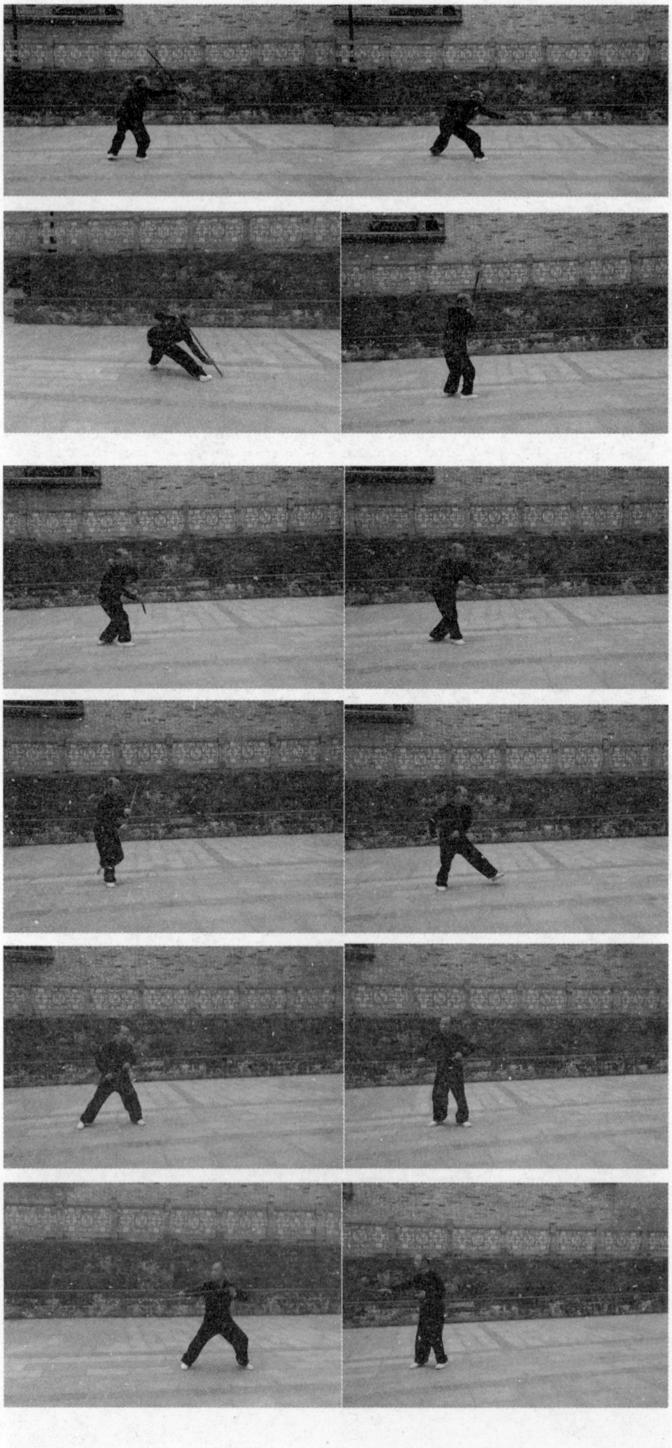

第四章　陇南棍术个案研究

图 4-7　紫金鞭动作套路

第五章 陇南著名武将及武术文化名人

在以冷兵器为主的中国武术古代发展历史中,军阵杀伐一直是中国武术的一个重要表现舞台。频繁、持久的军事战争所带来的激烈而残酷的战场格斗,一方面有力地促进了武术的技术发展,另一方面,也造就了一大批武艺高强、传颂千古的著名战将和传奇性人物。陇南地域独特的地理位置,一直处于部落、民族冲突的前沿,因而这种"尚武"的文化传统一直流传至今。在这个过程中正是这些武将对这一地域尚武之风的形成发挥了很大影响,特别是近代以来这些"武术人"肩负着对武术文化的传播与发扬的重任,对陇南武术的传承与发展做出了不可磨灭的贡献。现就这些武将与武术名人进行介绍,但由于资料的匮乏且零散,在这里不能把各拳派所有的典型武术人物一一列举出来。

第一节 陇南历代名将录

毛当,武都人,骁勇善战,仕秦,至前禁将军。建元六年,随王猛率大军伐燕克晋阳。伐蜀时,率步骑三万,出剑门,攻梁、益,克之。于是,西南夷筰筶、夜郎等皆来归附。以当为镇南将军,后迁镇军将军,封平武侯。

王鉴,武都人。仕秦,积官为武卫将军。建元初,并州牧晋公柳反于蒲阪。秦州刺史赵公双反于上邽,洛州刺史魏公庾反于陕城,雍州刺史燕公武反于安定。鉴与吕光率中外精锐两万,进击双、武,大破之,斩获15000余首级。武弃安定,与双奔上邽。鉴等攻克之,斩双、武。又与王猛会军,讨庾于陕城。十一月拔其城,获庾。七年春,率步骑两万,解救

第五章　陇南著名武将及武术文化名人

寿春之围，为豫州刺史。

毛兴，武都人，以安西将军为河州牧。太安二年二月，益州牧王广还自成都，投其兄统于秦州。及长安不守，广攻河州。兴夜袭广军，大破之。三月，统遣兵助广，兴婴城固守。四月，袭击广军，又败之。广奔还秦州。兴恃屡胜，进据平阳，复欲攻统于上邽。枹罕诸氐厌兵革，遂谋作乱，兴为所害。将死，谓颍川王同成曰："与卿累年共击逆羌，事终不克，何恨之深！"

窦冲，武都人。仕秦，战功最著，官左将军。及淮南之败，秦主奔还。慕容泓、慕容冲、姚苌等相率皆叛，攻城略地，所在蜂起。冲率兵讨冲于河东，大破之。后秦主为苌所弑。冲奔兹川，有众数万，闻长乐公丕即位，遣使上表，丕以冲为梁州牧。丕死，登称尊号，以冲为车骑大将军、南秦州牧。太初二年五月，攻苌汧雍二城，克之，斩其将姚元平、张略等。十月，进大司马，寻拜右丞相。冲矜才尚人，以功高，自称秦王。登为姚兴所害，南安、强熙等推冲为盟主。兴与诸将攻之，兵败，走汧川。汧川氐仇高执送兴，杀之（节选自《前秦录》本传）。

杨令宝，武都人，北魏将军。有臂力，善射。景明初，除辅国将军，封宁陵县开国子，食邑500户。在淮南征战，勋绩更著，征拜冠军将军，试守京兆内史。

杨大眼，生卒不详。氐族。仇池国主杨难当之孙，北魏名将。世居仇池（今甘肃省西和县），年少时随父归顺北魏，举家迁居洛阳，遂在北魏朝中任小吏。

杨大眼自幼习武，勇敢敏捷，尤善行走，奔跑如飞。一次北魏朝廷议决南伐，此时尚书李冲选拔出征将帅，大眼自我推荐，李冲见一无名小辈，不同意他出征。大眼曰："尚书不见知，听下官出一技。"便将一根3丈长的绳子，系于发髻，快速奔跑，绳子在脑后飘起，直如飞箭，奔马追赶不及。旁观者无不惊叹。李冲曰："千百年来，还没有听到过有跑得如此之快的人。"遂被提拔为军主，后又升为统军，屡次出征江淮一带，所经战阵，莫不勇冠三军。以功封安成县开国子，食邑300户。相继担任直阁将军、东州刺史。

北魏宣武帝正始四年（公元507年），南朝萧衍遣将王茂先率众数万至樊雍，招诱当地土著居民组建宛州，又令其所署宛州刺史雷豹狼、军主曹仲宗等领众两万袭据河南城。魏世宗以大眼为武卫将军、假平南将军、持节，率诸将进击王茂先军，大败南朝军，斩其辅国将军王花、龙骧将军申天化,俘7 000余人。杨大眼在领军围攻梁军所据钟离时,久攻不克,军无斗志。大眼部属刘神符、公孙祉争相退军,杨大眼节制不力,被免去官职徙至营州。永平中起复为试守中山内史。不久,高肇率兵征蜀,魏宣帝担心南梁军乘机进攻,任大眼为太尉长史、持节假平南将军,率军防守淮、沘一带。杨大眼与梁军交战数次,屡立战功,声名远扬,相继提升为光禄大夫、平东将军。杨大眼到京师领命时,京师吏民慕其英勇,出巷倚门,观者如市,都想睹其丰采。孝明帝时为荆州刺史,在州两年,死于任上。

大眼以骁勇善战著名,"抚巡士卒,呼为儿子,及见伤痍,为之流泣。自为将帅,恒身先兵士,冲突坚阵,出入不疑,当其锋者,莫不摧拉",南朝诸将无不畏惧。淮、泗、荆、沔一带儿童有啼哭者,大人嘘道"杨大眼来了",儿童便立即停止哭闹。有人曾问大眼:"在南闻君之名,以为眼如车轮,及见,乃不异于人。"杨大眼说:"旗鼓相望,瞋眸奋发,足使君目不能视,何必大如车轮。"当时人们都认为杨大眼之骁勇,不亚于三国时的关羽和张飞。

杨大眼识字不多,但记忆力极强,常让人给他诵读,坐而听之,便能熟记于心。军中发布露布,皆以口授。杨大眼为北魏名将,《北史》有《杨大眼传》《魏书·氏传》及《北史·魏文成帝纪》中也有记载。今洛阳有《杨大眼造像碑记》,被书法界誉为魏碑中的"峻健丰伟之宗"(见图5-1)。

赵㒞(532—599年),字贤通,天水西(今甘肃省陇南市礼县东)人,祖父赵超宗,曾任北魏河东太守。父赵仲懿,曾任尚书左丞。

赵㒞自幼丧父,由母亲抚养成人,十分孝顺。14岁时,有人盗伐其父墓地树木,赵㒞悲恸万分,将砍树者扭送官府,见西魏左仆射周惠达时,只作长揖而不跪拜,哭诉了自己的孤苦身世,周惠达十分同情,叹息良久,并治罪伐树者。赵㒞刻苦好学,熟读史书,有谋略。后从丞相宇文泰,任相府参军,随从参与洛阳之役。宇文泰从洛阳班师时,赵㒞请求留守洛阳。后率部和北齐大战,五战五捷,因功封为平定县男,后升迁中书侍郎。北周孝闵帝时提任赵㒞陕州刺史。当时,信陵、秭归二郡蛮族反叛北周,赵㒞奉命讨伐,收复二郡。接着又连破蛮族和南朝陈国军队的联合进攻,因功授开府仪同三司,又升迁荆州总管长吏。

第五章 陇南著名武将及武术文化名人

图5-1 杨大眼造像碑刻

周武帝继位后,准备攻占齐国黄河以南郡县,赵煚建议说:"河南洛阳这地方,四面受敌,即使得到也无法守住。不如进军河北,直攻太原,捣其巢穴,可一举而定。"周武帝不采纳,导致失败,无功而返。不久,赵随上柱国于翼伐陈,攻克城池19座,大胜而返。因功被升迁为御正上大夫。

赵煚与宗伯斛斯征素来不和,斛斯征后出任齐州刺史,因事下狱,他自知罪重,越狱逃走。周武帝大怒,派人四处追捕。煚不但不落井下石,反而上奏曰:"斛斯征自以负罪深重,惧怕处死,所以才逃,若不北窜匈奴,则南投吴越,就是到了敌国梁、陈,因其久居朝廷高位,对他也没好处。现在国家旱灾严重,不如以此为借口大赦天下,他必定会自己回来。"周武帝听从了他的意见,斛斯征得到了赦免,而赵煚从不言此事。

入隋后,隋文帝封为大将军,晋爵金城郡公。后又迁升为尚书右仆射,不久因事贬为陕州刺史,又转任冀州刺史,颇有政绩。赵煚有病,老百姓知道后相互奔走,争着为他祈祷。冀州市上多有奸诈之徒,欺行霸市,短斤少两,百姓十分愤慨。赵煚特命人打制铜斗铁尺,置于市上,以为标准,有敢作假者,予以严惩,老百姓十分称赞。此事隋文帝闻知后大为赞赏,并颁布诏令在全国进行推广。后隋文帝出巡洛阳时接见赵煚,特别嘉奖他治理冀州的政绩。慰劳道:"冀州大藩,民用殷富。卿之为政,深副朕怀。"在他任冀州刺史时,有人偷割了他田里的青蒿,被他手下的人抓获,请他治罪。赵煚说:"不能教育感化百姓,以至于发生偷盗之事,这是做刺史的过失,他有什么罪呢?"不但释放了此人,还派人装载了一大车青蒿送给盗蒿人。盗青蒿者十分惭愧,比受了重刑还难受。其在任即用此种方法以德化民。后病逝于洛阳,时年68岁。

吴挺,祖籍宋德顺军陇干(今甘肃静宁县),生于今武都区桔柑乡大岸庙,为南宋抗金名将吴璘第五子,随父从军。吴挺幼时十分聪慧,深得吴璘宠爱。初识字,便能读《左氏春秋》,宋高宗绍兴二十四年(1157年),年十七,始从军为后部准备将。不久,又迁为中书第一将。现存《世功保蜀忠德碑》明确记载:"王守武阶日,生于守舍。"武阶,北魏首置,西魏时改置覆津。现存《世功保蜀忠德碑》明确记载:"王守武阶日,生于守舍。"武阶,北魏首置,西魏时改置覆津。

宋高宗绍兴三十年(1161年),金主完颜亮背叛和盟,派遣合喜勃堇为征西元帅,率大军南下,直逼秦陇。吴挺受命镇守兴州(今陕西略阳),但执意要上前线,他对父亲说:"愿率兵出征,建功立业于阵前。"吴璘十分高兴,便任命吴挺为中军统制,率军北进。在宋高宗绍兴三十一年,参与收复西北三路的战斗。朝廷授其为荣州刺史,后又迁升为兴州御前诸军中军统制、熙和路经略安抚使。

宋高宗绍兴三十二年(1162年),吴挺随父亲吴璘防守河池(今甘肃徽县)。六月,金将完颜悉烈领兵十万前来攻城,吴挺多次亲率精兵袭击金营,给金兵以重大杀伤,金兵伤亡惨重,只好退兵待援。由于吴挺在这次战斗中指挥得当,功绩显著被任命为武昌军承宣使、龙神卫四厢都指挥使、中军统制。

吴挺治军有方,"纪明律修,军中悦服"。驻守武兴时,"部署在籍者,奏徙别路,以避亲嫌。部曲尝薄礼于公者,置不复问,人服其公而安之。"

乾道元年(1165年),升都统制,三年(1167年),拜侍卫亲步军指挥使,节制兴州军马。父死后起复金州都统,金、房、开、达安抚使,改利州东路总管。他请求守孝终丧,服除后诏为左卫上将军。朝议组建神武中军5 000人以属御前,命挺为都统制,他力辞之,拜主管侍卫步军司事。他对宋金战局尤其两淮的形势,有独到的见解,认为应选择军事要

第五章　陇南著名武将及武术文化名人

地,扼以重兵,以阻金人南侵,以我之长,击敌之短。皇帝对他的建议很赞赏。淳熙元年(1174年),授任兴州都统、定江军节度使。原来在宕昌置互市,所得良马很多,故西路骑兵称雄天下,嗣后日衰。挺至,首陈利害,诏许岁市700匹。当初,武兴所部诸郡,漫不相属。挺奏以十军为名,自北边至武兴列五军称踏白、摧锋、选锋、策选锋、游奕,武兴以西至绵阳,列左、右、后三军,而以前军、中军驻武兴。四年(1177年),入朝觐见,除知兴州、利州西路安抚使。密修皂郊堡,增二堡,整饬兵器。十年(1183年)冬,特加检校少保。当时成州、西和饥荒,他全力赈济,救活万千饥民。光宗即位,"御笔奖劳"。西和、阶、成、凤、文、龙六州器械未修,挺裁减冗费,招工整修,以为临战之用。

宋光宗绍熙四年(1193年)六月,吴挺因积劳成疾,请求致仕,但是,以太尉致仕的诏书还未到达,即已病逝于军中,终年56岁,后谥武穆。

吴挺虽为将门子弟,而不居其贵,不恃其势,尤能礼贤下士。即对小官贱吏也不倨傲怠慢;对于将士,善于抚慰,所以人人感恩。其父信王璘曾对孝宗说过,诸子中唯有吴挺有所作为。孝宗也说:"挺是朕千百人中选者。"光宗亦赐皇宫珍奇,"以示殊礼"。

王渊,字几道。善骑射。宣和五年,刘延庆讨方腊,以渊为先锋。贼势甚张,渊谕小校韩世忠曰:"贼谓我远来,必易我。明日,尔逆战而伪遁。我以强弩伏,必可得志。"世忠如其言,贼果追之,伏弩齐发,应弦而倒。贼据帮源洞,遂围而平之。靖康元年,为真定府总管,就迁都统制。金人攻汴京、河东,北宣抚使范纳,统勤王兵,屯雍邱,渊为先锋。康王即皇帝,以渊为制置使。时群盗蜂起。提兵四出,所向皆捷。期年,群盗略尽,迁向德军节度使。及帝如钱塘,命渊镇守姑苏,寻入枢府。刘正彦不平,侯渊入朝,伏兵杀之。时年五十三。渊为将轻财好义,家无储宿。每言:"朝廷官人以爵禄,足代耕。若事锥刀,曷若为富商大贾耶?"初,帝在南京闻渊疾,遣中使问疾。还,言其帏幔、茵褥皆不具。帝辍所御紫茸茵以赐。加少保,谥曰襄愍(按,史称熙州人,李心传《朝野杂志》云阶州人,故收入。《吴志》)。

张威,生卒不详,字德远,宋成州(今甘肃成县)人,南宋名将。张威年少时家贫,曾以卖药为生,后从军戍边。

开禧二年(1206年),宋金交战,张威英勇作战,屡立战功,被提升为将领。叛将吴曦被诛后,宋军派李贵收复西和州等地,以张威为先锋,在板桥一带大败金兵,收复西和州(今甘肃省西和县),因功升为统军。又以坚守天水县有功,被提升为利州副都统制。

嘉定十二年(1219年),金兵大举南侵,分道进攻,先攻湫池堡,又攻白环堡(今礼县白关乡)。张威派石宣、董绍连分兵抵御,击退敌兵。金兵又转攻成州,张威自西和州退保仙人原。这时,兴元都统制吴政战死于黄牛堡,李贵退走武休关,金兵乘势南进,破武林,攻兴元,陷大安军。利州路安抚使丁焴闻知金兵深入,急遗书招张威东入救蜀,张威发兵东进破,破金人于金牛镇,另派石宣等将率兵袭大安军,歼金兵3 000多人,金将巴士鲁被俘。金大将包长寿闻讯大惊,连夜弃兴元北走。后奉命围攻红巾军于普州(今四川安岳县),捕杀首领张福等17人。

嘉定十三年(1120年),西夏遣使与四川宣抚使安丙议定联兵夹攻金兵,安丙向各路军发出檄文,向金反攻。安丙令利州统制王仕信,沔州都统张威为先锋,分别向巩、秦州进军。张威认为金人势力还很强大,西夏人反复无常,不可轻举妄动。安丙不听,强令出兵。九月,宋军七路攻金,程信、王仕信与西夏军会于巩州城下,攻城不克,程信、张威遂转攻秦州,无功而返。十月,宋军各路停止进攻,王仕信被斩于西和州,张威被撤军职,不久病逝于利州(今四川广元市)。

张威治军有方,军纪严明,尤善谋划,常以奇兵取胜,金兵对其十分畏惧。据《宋史·张威传》载:"临阵战酣,则精彩愈奋,两眼皆赤,时号'张红眼',又号'张鹘眼',常立净天鹘旗以自表。"作战时身先士卒,手中持一根长约6尺的木棒,号称'紫大虫',横扫敌阵,金兵皆望风披靡,无人敢挡。他还根据山区地形,扬长避短,创造了"撒星阵"。临战时,军队分合不定,闻鼓则集聚,鸣金则分散。敌骑兵来攻,一军则可迅速分为数十队;当敌骑兵分散攻击时,宋兵又闻鼓集聚。忽分忽合,令金兵茫然失措,宋兵则乘机发起攻击,各个击破。使用这种办法,宋军常常获胜。

丁焴,生卒年不详,字晦叔,阶州福津(今陇南市武都区)人,南宋宁宗时期著名的抗金将领,曾任太常寺丞,后迁郎中,多次奉召出使金朝。嘉定六年(1213年),宋金关系发生急剧变化。蒙古崛起北方后,不断南侵金朝,成吉思汗又兵分三路掠山东、河北诸州郡。次年,刚即位的金宣宗被迫迁都,并进一步南攻宋廷,南宋朝廷被迫应战。于是,在宋宁宗嘉定八年(1215年),多次出使金朝,对金朝比较熟悉的丁焴被委任为利州西路安抚使,并兼职兴元府(今陕西汉中市),担负起防守南宋西北地区,即今陕西南部、甘肃省南部及四川西北部地区的重任。

第五章　陇南著名武将及武术文化名人

丁煜到兴元后,即发动军民加固城池,整修军事。为了表示抗金的决心,他对将士们说:"我们要以前辈抗金英雄为榜样。当年张浚、虞允文不就是在这里建功立业的吗!"为此,他还专门修建了张、虞二公祠堂,塑了两人的塑像。

宋宁宗嘉定十年(1217年),金人又以白撒为元帅,率军万人南伐,自漳州盐川(今漳县盐井镇),先攻占皂郊堡(今甘肃省天水西南),又在天水郡击败宋军,围攻西和州,守将刘昌祖焚城而逃。丁煜临危不惧、协助兴元都统制吴政英勇抗敌,反击金兵,夺回大散关,斩逃将王立,奏报朝廷,刘昌祖被夺官流放。宋宁宗嘉定十二年(1219年)春,金兵又犯西和州,守将赵彦呐歼灭敌军于城下。不料,吴政在黄牛堡(今陕西凤县东北)与金兵作战中战死,宋军溃散,金兵乘势攻破大安军(今陕西宁强县大安镇),并陷兴元。丁煜急忙派人招都统制张威东入抗击,又请忠义民兵首领李好古北上悍御。李好古出虞关,与统领张彪相遇,以张彪弃守迷竹关为由、斩杀张彪。张彪是张威的亲弟,张威听到张彪被杀,便按兵不动。丁煜对他的部下说:"吴政刚刚战死,李贵也战败而逃,金人所惧怕的将领就只剩张威了。今天李好古擅自杀了张威的弟弟,引起了他的记恨,因而按兵不动,现在的形势,是可以没有李好古,而不能没有张威。"于是,招李好古前来责备他擅自杀张彪的罪恶,推出斩首。随后,丁煜派进士田遂前去劝说张威。张威这才连夜调兵,在金牛镇同金兵发生遭遇战,歼灭金兵一股。金兵受到打击,但并未退兵,张威乘夜暗派石宣偷袭大安军,金兵大败,歼灭精兵3 000,悍将巴图鲁被俘,金兵大将包长寿闻讯慌忙撤退。宋军获得大胜。魏了翁在《兴元府张虞二公祠堂记》称之曰:"晦叔,武阶一人而已。"

据史书记载,丁煜"刚方正直,不受私谒,莅事明决,吏民信服"。能文善书法,但所作大都散佚,现在仅有《张彦发诗序》一篇。

曹友闻,字允叔,宋同庆府栗亭(今甘肃徽县)人,生年不详,卒于宋理宗端平三年(1236年)。宋理宗宝庆二年(1226年)进士,始授绵竹尉,后改授天水军教授。蒙古灭宋时,组织军民英勇抗击,血战而死。

宋理宗端平二年(1235年)初,蒙古窝阔台汗集结蒙古、西夏、吐蕃及投降蒙古的汉军,号称50万大军,大举南侵宋朝。蒙古大军兵分两路,一路由窝阔台第三子阔出率领,入侵襄汉;另一路由窝阔台次子阔端率领出征四川。

进攻四川的阔端军,先攻秦巩,围天水。曹友闻单骑夜入,与天水守将张维等筹划守城要略,并散尽家财招募兵士7 000余人,同其弟曹万先后据守仙人关、七防关、白水江等要塞。被授天水军。蒙古军转攻阶州,曹友闻引军驰援,夹击敌军,击退敌军后,驻防石门(今陕西略阳县西北),负责扼守七防关(今甘肃省康县云台镇)一带。

宋理宗端平三年(1236年)春,蒙古军再次南侵。军抵巩昌城下时,守将金镇远军节度使、巩昌便宜总师汪世显率众降附。阔端命汪世显随蒙古军侵宋,一举攻下沔州(今陕西勉县),继而进围青野原(今甘肃徽县南)。宋军被困,请求救兵解围。曹友闻闻讯,召集部将说:"青野原为蜀咽喉,不可缓。"急派弟曹万领军自冷水口渡嘉陵江,至六股株,由小道直奔青野原。曹友闻引精兵随后赶到,同守军一起内外夹攻,击退蒙古军,因功授武德大夫、左骁骑大将军。不久,汪世显军又攻大安(今陕西宁强县),曹友闻速派部将王资、白再兴、王进增援,迅速占据了鸡冠隘、阳平关等要地,同汪军展开激战。宣战数日,"喋血十余里",宋军大胜,友闻被授眉州防御使、利州驻扎御前诸军统制、兼沔州驻扎兼管关外四州安抚、权知沔州节度屯戍军马。仲弟曹万也被授知同庆府、四川制置司账前总管、共同担负陕南、川南、川北地区军事防务。

同年九月,蒙古大军又南下猛攻大安军。此时,邻近各要地均被蒙古军攻占,仅剩曹友闻孤军坚守仙人关。曹友闻对其弟说:"国家安危,在此一举;寡不敌众,岂容浪哉!唯当乘高据险,出奇匿伏以待之。"逐派其弟曹万、曹友淳率兵登上附近的鸡冠隘,多张旗帜,以为疑兵。自己率精兵万人在附近设伏。蒙古军攻来时,先是曹万出阵迎敌,大战数和,身披数创。随后,曹友闻亲率精兵三千突袭,两军会合,殊死决战。交战那天,正值大雨,宋军将士穿着厚厚的棉衣,经雨淋湿后十分沉重,不便于同蒙古军骑兵作战。尽管如此,但宋军无一人退却,仍在拼死战斗,双方伤亡惨重,血流数里。战到天明,蒙古军愈来愈多,曹友闻被蒙古军铁骑四面围困,他杀掉自己的乘骑,决心奋战到底,以死报国。最后,终因孤立无援,众寡悬殊,宋军全军覆没,曹友闻血战而死,其弟曹万也同时战死。元将汪世显感叹道:"蜀将军真男儿也!"盛礼以葬之。宋朝廷特赠曹友闻为龙图阁学士、大中大夫,赐庙"褒忠",谥号毅节。弟曹万追赠为武翼大夫。

马暨,南宋名将,宕昌人,生年不详,卒于1276年,初知钦州(今广西钦州),后知邕州(今广西南宁)。因守边有功,封为左武卫将军,后驻守静江府(今广西桂林),在抵抗元兵南侵斗争中被俘遇害。

第五章 陇南著名武将及武术文化名人

宋恭帝德祐二年(1276年),元军将领阿里海牙率军南下,直趋广西。马暨奉命坚守静江,他令部将及诸峒兵驻守静江,自将三千兵马守严关(今广西兴安县严关乡),凿马坑,断岭道。由于他赤心报国,骁勇善战,深受将士们的拥护和爱戴,大家齐心协力,同仇敌忾,挫败了元军一次又一次进攻,坚守城池三个多月,大小战斗百余次。元军久攻不克,便采取了诱降的策略,选派能言善辩的总管俞全前来劝降。马暨早知元军意图,登楼射杀俞全,此举大长了宋军的士气。

此时,宋都临安府(今浙江杭州市)已被元军攻占,宋恭帝赵显也已降元。阿里海牙又生一计,派人到临安,要求赵显亲写诏令劝马暨投降。赵显写好诏书后,派亲信宗勉前往静江府劝降。马暨接到诏书,勃然大怒,当众焚烧了诏书,杀了宗勉,并把宗勉的头颅掷出城外。阿里海牙又送进劝降书,许以高官厚禄,都被马暨严词拒绝。

十一月,元军攻破严关,又败都统马应麟于小溶江。静江城成了孤城,外无援兵,内绝粮草。元军又在大阳、小溶两条江上筑堰断流。将士们无食无水,死伤相继,形势日趋险恶。元军乘机大举攻城,外城、内城相继被攻破。马暨率军巷战,在激战中,他左臂负伤被俘,遭杀害。断其首,犹握拳奋起,立逾时始仆。

静江破,邕州也降元。暨部将领娄铃辖以250人据守邕州城月余,皆自焚死,无一人投降。广西桂林等地民众为暨立庙祭祀。

明代岷州进士王铎有《怀马将军》诗:"策马临江日已昏,将军村落喧鸟声。一门忠勇答君父,九卷诗书遗子孙。剑气阴阴凌白日,悲笳莫莫起青原。武后唯尽平生分,成败当时岂更论。"

马堃,生年不详,卒于公元1276年,宕昌人。南宋名将马暨之兄,曾任六郡镇抚副使,政绩颇显。宋度宗咸淳府(今四川忠县)知府,担负起了扼守长江,抵御元军南下的重任。

咸淳府衙设在四川中州(今四川忠县)和万县(今四川万县)之间的长江孤岛黄华城上。黄华城四面环江,悬崖如削,易守难攻,是扼守长江的军事要地。马堃一到任,便召集士民百官,共议守城办法,补修城墙,囤积粮草,训练士卒。

宋恭帝德祐元年(公元1275年)十月,元军金吾上将军、开达万忠梁山等处招讨使杨文安和宋降将、原达州知州鲜汝忠合兵攻破万州天生城后,以降兵为前锋,逆长江而上,直取咸淳府。黄华城军民固守城池,打退了元军的多次进攻。两个月后,长江水位下降,流速减缓,杨文安乘机猛攻,激战数日后,宋军退守内城,元军占领了城外的滩头,黄华城被元军四面围困。次年腊月下旬,元军两次发起进攻,杨文安向东、北门佯攻,鲜汝忠趁夜偷袭,用云梯登上城墙,杀死守门士兵,打开了城门,元军蜂拥而入。马堃调兵反击,在激战中,军师包申等众多将士战死,马暨伤重被俘,杨文安劝其投降,马暨大义凛然地说:"忠州自古以来只有断头将军,没有投降将军。我生为大宋人,死为大宋鬼,赤胆忠心,报国保民,岂能苟且偷生!"最后同其他被俘将士一同就义。

按竺迩(1194—1263年),先祖为云中塞上雍古氏族,后定居礼店(今甘肃省礼县)。元朝开国功臣。幼年父母早逝,成为孤儿,寄养于外祖父术要甲家中,"术要甲"讹音为"赵家",逐改姓为赵,后世均以赵为姓。1236年,按竺迩率元军攻占陇南,在西汉阳天嘉川建"礼店文州蒙古汉军西番元帅府",任元帅,卒后葬于李店(今甘肃省礼县),后代遂以该地为故里,建有家庙。

按竺迩14岁入宫,常随皇子察合台外出狩猎。曾突遇二虎奔出,按竺迩眼疾手快,急拉弓射箭,射杀死二虎,遂以善射闻名。1214年随太祖西征,立功而封为千户。自此以后,征积石,拔河州,破临洮,陷巩昌,占秦州,攻城略地,战功卓著。太宗窝阔台即位,为元帅,驻军删丹(今甘肃山丹县),自敦煌至玉门关沿途广设燧台、驿站,直通西域,关陇地区均为蒙古军所属。

太宗三年(1231年),拖雷率右路军入陕,按竺迩为先锋,攻破宝鸡后,出兵大散关、虞关,直抵沔州,逐借道于宋,由武休关东抵邓州。金军调集十多万大军与蒙古军决战。按竺迩避其锋芒,进趋均州。次年正月,与金军决战,金军主力溃败。

南宋端平二年(1235年),窝阔台分兵南进,一路由三子阔出率兵南攻襄汉,一路由次子阔端率领进入陕川,攻克金将郭虾蟆所守孤城会州,虾蟆自投火死。按竺迩感其忠义,保活郭之遗孤。阔端率军围攻巩昌不下,按竺迩奉命招降,金守将汪世显举城投降,因功拜征行大元帅。次年,阔端率军入蜀,命宗王末哥分兵向甘肃南部进军,以图由阴平郡南下合围成都。末哥以按竺迩为先锋,破宕昌,陷阶州,攻文州。文州守将刘禄坚守城池,数月不下。按竺迩侦知城中无井,乃夺其汲道,架梯入城,刘禄战死。蒙古军沿古阴平道入蜀,按竺迩招来吐蕃酋长勘拖孟迦等十族,赐以银符等,龙州遂为蒙古军所据。

南宋嘉熙元年(1237年),按竺迩对宗王末哥说:"陇州县方平,人

第五章 陇南著名武将及武术文化名人

心犹贰,西汉阳当陇蜀之冲,宋及吐蕃利于入寇,宜得良将以镇之。"末哥应允,遂于西汉阳天嘉川(今甘肃省礼县城关)置礼店文州蒙下。按竺迩命侯和戍洮州之石门,术鲁西戍阶州之两水,陇南诸州县遂置于蒙古统治之下。遂入籍礼店,为礼店人。

南宋淳祐十年(1250年),按竺迩入蜀征战,宋制置使余玠攻兴元、文州,阶州王德新乘机反叛,率军士千余人占据江油。蒙古军震动,宪宗急令按竺迩回军,按竺迩还攻阶、文,击败宋军,仍镇礼店文州元帅府。元世祖中统元年(1260年),忽必烈称大汗,其幼弟阿里不哥在漠北亦称汗抗命。按竺迩协同宗王哈丹等西讨阿里不哥的支持者阿兰答儿于删丹,经辉碑谷血战,擒阿兰答儿、浑都海等。中统四年(1263年)卒,终年69岁。延祐元年(1314年),追赠为"推忠佐运定远功臣、太保、开府仪同三司、上柱国",封秦国公,谥武宣。葬礼县城郊西山。

按竺迩"智略深长,弓马绝世,衣冠材器已显,攻城略地,所向无前"。又"多谋尚义,爱下恤民,所至救弥戮,赎俘囚,辑降附,则所惠益广矣"。

有子十人,以彻理、国宝、国安最知名。彻理袭父职为元帅。病卒。国宝一名黑梓,少击剑学书,倜傥好义,有谋略,官至礼店府元帅兼文州吐蕃万户府达鲁花赤。收降扶州(今四川省九寨沟县)吐蕃,治文州有善政。卒后封梁国公,谥忠定。国宝弟国安,继国安为礼店府元帅,兼文州吐蕃万户府达鲁花赤。后世以礼店为故里,元至元二年秋(1336年),国宝子赵世延建由赵孟頫所写《大元敕赐雍古氏家庙碑》。碑存礼县城南一华里处。

张珏,字尹玉。少年时投军,以军功而升迁至中军都统制。南宋宝祐(1253—1258年)末年,元军包围了合州(今重庆市合川区)。张珏坚守合州九个多月打退了元军。景定(1260—1264年)初,赛典赤领元大军再次围攻合州。张珏用大船停泊江中连成水城,元军数万人久攻不下退走。在合州为解决粮食困难,张珏在城外以军队保护农民耕种,在城内劝导民众开荒种地、积蓄粮食,以满足公私需要。后来,合州百姓为了纪念他,在钓鱼城修了庙,立了他的铜像。宋德祐(1275年)初,张珏升任四川制置司副使、重庆府知事,加检校少保。朝廷还征召张珏的部队保卫京师,因蜀道被元军截断而未到达。第二年,元军攻下泸州后包围了重庆,派人招降张珏,遭到严厉拒绝。至元(1264—1294年)年间,元军攻陷绍庆后,俘宋将鲜龙。张珏指挥宋军与元军恶战,元军也速捏儿、桑霸等部从后合击宋军,张珏退守重庆城。城中粮尽无援,有人劝张珏投降,他严词拒绝。城破,张珏率兵与元军巷战。后见大势已去,遂准备服毒自尽,家人将毒药藏起来,并用船将张珏及家眷急速送走。他拿大斧砍船,想自沉于江中,随行夺下斧头扔入江中,张珏想跳水自尽又被众家人拉住。第二天,张珏被元军将帖木儿所俘,送往京师途中,在安西赵老庵,张珏趁押解者不备解下弓弦自尽于厕所中。随从者将尸首焚化,用瓦罐装上骨灰埋葬。张珏魁伟雄壮,有谋略,擅长出奇兵设埋伏,筹划有条有理。他的部队训练有素,善用各种兵器。张珏治军有方,只要立功,就是奴隶也给予奖赏,如有过错,就是至亲也要处罚。由于赏罚分明,在军中极有威信,人人都服从其指挥。

曹友庆,曹友闻之弟,徽县栗亭人,南宋宝庆二年(1226年)进士。元初,西城有个蛮子阿厘,蛮横无理,挟众抗拒法令,他率兵奋力将其擒获。皇帝知道这件事后,奖给友庆精美丝织品两匹以示犒劳,并让他承袭父亲的职位,授为武德将军。后来,有个叫蛇截的云南土族头领骄傲蛮横,意欲叛乱,友庆跟随参政汪公在八蕃、永宁等地平息了这次叛乱。因为军功他被授为宣武将军,皇帝还给了他丰厚的赏赐。施州容蛮洞的麦色释反叛朝廷,友庆拿出自己全部的钱财劝导其归顺朝廷,并将其送至京城等候朝廷发落。人们都认为友庆功劳很大,又同情人。他归居家乡后,常周济四邻和落难流民,在家乡深受人们尊敬。享年60岁。

曹友庆有三个儿子,禹臣为秦州管军千户;晋臣掌管虎符,统领炮军,其性格内向,与人交往少,也不为世俗所改变;汉臣在巩昌等处的总管府任知府,政绩颇佳,声誉很好。

曹祯,曹友庆的孙子,元朝诏授为武德将军,在巩昌等处任炮手万户之职。奉命征讨河南叛逆时,多次立下特殊战功,皇帝当众奖励他。曹祯从无贪功之心,而是将朝廷的奖励分给将士们。他做事从不辱没朝廷,也不向下属索取财物。平常率军作战,将士能主动奋力杀敌。修理兵器铠甲,不用他亲自督工而总能干好。同僚和总兵官称赞他管理军务是最好的,因此得到多次赏赐。在军中时,他想起慈母总是叹息流泪,总兵官称赞他是忠孝两全的人。

元至正十五年(1355年),曹祯从河南回到家乡。他严于律己,谦逊待人,乡邻都称赞他。他一生孝敬父母,忠于国家,还经常救济失去父母的孩子和失去丈夫的寡妇,其仁慈惠爱的行为遍及乡里。

石吉连,礼店文州汉番军民元帅,子孙世袭其职,遂为礼店所人。父允官至中书参知政事。顺帝时西番扰边,吉连奉命统兵驻崖城镇,番族畏服,西边遂靖。以功迁至行省右丞,封秦国公,谥忠穆。子石麟袭职为元帅。石麟封雍国公,谥忠宣。

王安国字辅君,号鹿玉,祖籍太原,父一元以千总驻成县,遂家焉。顺治时,故明将领蒋登雷、贺珍复叛,围成县,安国时在冲龄,佐父守城,稍不畏却。及壮,臂力过人,便弓马。从勇略将军赵良栋征蜀,所至克捷,自建昌至于云南。三藩事靖,授都督佥事。康熙中,噶尔丹叛于草原,兵火自蒙古燎于热河。于是,安国以骁勇从圣祖西征,败噶尔丹于西山。迁湖南偏沅中军游击,荫及父祖。五十一年,以弓马汉仗荐,迁泽潞参军,寻转山永协。雍正元年,除处州镇,署宁波提督。六年,转狼山镇总兵。九年,致仕归里。卒,年八十三。

第二节　陇南武状元及武举名录

中国的武举制度始于唐朝。从唐长安二年正月十七武则天诏令设置"武举"至清光绪二十七年废除"武举"考试,从公元702年到公元1901年,武举制度前后共历经约1 200年左右的漫长历史。通过查访古籍,仅求得清朝武进士2人,武举人明朝也不多,清朝武举一部分人及第时间不详,见下表所示。

王继礼,字行之,文县人。正德进士。嘉靖初,知阜城县。旋调常熟,阜城民请留不可得,为立生祠于常熟。海寇扰民,相机擒之。寇平,赐白金文绮。以荐,擢监察御史,巡视团营,权度兵饷,整军容,劾罢役占科,克诸将领。巡按两浙,惩奸不少假,而居心持平。都御史台,称为贤。后迁徽州知府。在郡持廉秉公,大狱立判。迁浙江按察司副使。巡察河滨,严防御,广储犒,敌人不敢犯境。历官至湖广按察使。

马金龙,生卒不详,陇南武都人,[清光绪]叶恩沛修、吕震南纂《阶州直隶州续志》卷之二十五。乾隆某科武进士。升西口外普绿集游击,又升湖北绍兴协副将。

黄大奎,生卒不详,陇南礼县永坪乡平泉黄家村人,史书典籍见载较少。他是道光时首场武殿试中式鼎甲武进士第三名探花及第。清朱彭寿《旧典备征》卷四"武鼎甲考"云:"癸未状元张从龙,山西临县人;榜眼史殿元,直隶清苑人;探花黄大奎,甘肃礼县人。"典籍始有礼县"黄探花"之名誉。朱彭寿所云"癸未武考",当是清朝道光三年(1823年)癸未科武考殿试,"道光"即清宣宗爱新觉罗·旻宁(1782—1850年)的年号,"道光"年号一共用了三十年(1821—1851年)。据《清史稿·宣宗本纪》,道光帝于1820年7月25日登基,癸未科武考殿试是他登基后的第一场选拔武进士的考试。兵部右侍郎朱士彦知此次武举,吏部左侍郎王引之为武会试正考试官,都察院左副都御史韩晋为副考官。

图 5-2　清道光皇帝对黄大奎兄嫂诰命

黄大奎以武论韬略的高深修养和武力弓射的超群出众中一甲第三名,并赐武进士及第。图5-2为清道光皇帝对黄大奎兄嫂诰命。据《清史稿·顺治本纪》,清代武殿试三年一次。顺治二年(1645年)定会试规章,在当年十月份内举行殿试。以内阁、翰林、詹事各部院堂官四人为读卷官,兵部满、汉堂官为提调官,御史为监视官。初制策题标目进呈,由皇帝钦定三条。试策后试马步箭弓刀石,历时两日。武殿试虽先试策论,后试技用,录取名次先后,却以技勇为准。黄大奎所参加的癸未科殿试还是沿用顺治旧制。道光十三年(1832年),宣宗下诏改革武殿试:"武科之设。以外场为主。其弓力强弱,尤足定其优势。至马、步射本有一日之长短,第能合式,即可命中。""默写《武经》又其余事,断不能凭此为去取。"大大加强了用"弓力""马步射"选拔武进士的分量和权重,而其军事韬略已经退居相当次要的地位。可见,黄大奎参加的癸未科殿试,具有清代前后期变革武举考试的特征,既要有武论韬略的高深修养,还要有武力弓射的超群出众,才能获赐"武进士及第"。据《中国历代官宦大辞典》"三鼎甲"条:"科举制度状元、榜眼、探花合称三鼎甲。"朱彭寿"武鼎甲考"就是专门收录武进士中的状元、榜眼、探花的有关生

第五章　陇南著名武将及武术文化名人

平事迹。

可惜的是，《旧典备征》过于简略，我们无从知道更多的黄大奎"探花"及第前后的情况。

黄大奎的任职情况《礼县志》有传，但极简略，余者可见于其他旁证材料。《临县志·张从龙传》云"三鼎甲皆授二等侍卫"，曾宿卫扈从道光皇帝。查潘荣胜《明清进士录》，黄大奎赐武翼都尉汉二等侍卫，官乾清门行走随带加一级，比《张从龙传》所云略详。因明清"文科鼎甲具详进士题名碑录及馆选录中，至武科则各书记载者极少"，虽然有人主张"然一代抡才之典，文武并重，固不容歧视"，然而所见武探花黄大奎的记录相对还是简略。查《天水方志》等资料可约略知道，黄大奎主要的任职是廷卫，当差13年，多次随御驾出猎盛京，屡蒙恩典，得赏宫锦。后分发广西提标后营游击将军，以母老乞终养返回故里，病逝家中。由此看来，他辞官回乡的时间应该在鸦片战争前数年。

黄大奎为何以武探花之身而终老乡里？这是一个需要考证的问题。他所任的游击将军，系镇戍军中职衔，为从五品武散官，位在参将之下，属于对军官要求很高的职务，职责是率游兵往来防御。左宗棠收复新疆的名将汪柱元咸丰元年（1851年）任广西提标后营游击一职，或许他就是黄大奎的继任者，而后成为民族英雄，"千秋享祀壮甘凉"。还有和黄大奎同科的状元张从龙任连江游击，鸦片战争期间及以后，积功累行迁福州副将，同榜武进士葛云飞系著名抗英将领，为国壮烈捐躯前为定海总兵。从黄大奎任职和所处的时间看，其时位于历史转折的关键时刻，中国正面临最严重的内外危机。清王朝开始走下坡路，史称"嘉道中衰"，道光以俭德著称，虽勤政图治而鲜有作为，"守其常而不知其变"，吏治、河工、漕运、禁烟等均无起色。也就在黄大奎"以母老乞终养返回故里"的前后，中国近代史上的第一个不平等条约《南京条约》在道光二十二年（1842年）8月29日签订，此后的中法《黄埔条约》和中美《望厦条约》使中国沦为半殖民地社会。或许黄大奎深感生不逢时，虽如葛云飞以身报国，但难以改变国家民族走向屈辱的大势，失望之余，他以"武探花"出身无可奈何地选择了身退返乡的结局。

马任远，生卒不详。第十一代宕昌土司马国栋长子。任远少英武，美丰姿，喜读孙吴之书，向往伏波伟业，雍容尔雅，有儒将之风。康熙丙午科（1666年）中武举。1674年赴京会试。考罢还归，从提督张勇军中效力。张勇称其忠谋能断，镇静缜密，甚为赞赏。主持东门防务，治阵有方,屡建功绩,敌兵亦知其名而叹服。康熙十四年(1675年)秋,经张勇推荐任文县营守备,驻防宕昌,堵御吴三桂叛兵。翌年,奉命驻防磴子坝、石门等要隘。同年七月,奉张勇之命,随同官兵进取阶州、文县,招获吴三桂部叛兵100余名及所带马匹器械,解交洮岷道吕副总兵。抵西固,招安吴三桂部所委任之伪守备、州同、守御所掌印等各官员,安抚地方士绅人民。进军攻阶州城,与叛军对垒40余日,因粮草不给,奉令调回宕昌。

康熙十七年(1678年)春,叛兵攻掠郭家庄、绿的坝等地,任远领兵追袭,斩敌守备一名。翌年二月,奉洮岷道岳副总兵令,谓兵马云集宕昌以备征剿叛兵,城内民房不足驻扎,需修造营房200间。任远鸠工修建营房,整修加固城垣、垛口,按期完工。八月,领兵随官军再度进攻阶州、文县。收复西固,招降伪游击、伪州同、伪守备、千总、把总等官数员,伪兵400名。任远复领兵由牛头关进剿,收复文县,叛兵逃往四川,投诚官员并乡绅士民迎拜,获朝廷嘉奖。修建文县临江桥及营署,民众称颂。后迁任怀远守备。57岁时辞职乞休。光绪初,文县为其制牌位,附祀遗爱堂之西。

任远为土司马国栋子,1684年国栋病故,因任远时任文县守备,乃由其长子天骥承袭祖职任土司。次子天驷,岷州增广生员,后随征口外,官至洮岷协左部千总。

刘毓堂(1850—1912年),理川街人。清光绪戊子科(1888年)武举。自幼习武,拜木耳乡窦寨村武举王照奎为师,用十余年时间勤学苦练,练就一身超群武艺。自务举业,开塾授徒。东南两路诸生来学甚众。在开馆授徒期间,他严谨治学,对学生约法三章,不分寒暑,从不缺席;勤学苦教,循规蹈矩;边学边试,奖优罚劣。教学极严,无亲无疏,一视同仁。1890年,清廷在巩昌府再次开科,岷县应试学生12名,他的学生考中6名:马殿元、戴邦杰、戴邦俊中武举,赏应元、赏应选、杨登科中秀才。故巩昌府对其有"刘半榜"之称,至今传颂。光绪十二年(1886年)捐资兴修理川东岳庙;光绪二十一年(1895年)后,主持重修理川下街三圣宫(后称关帝庙),修有正殿、过厅、钟鼓楼和戏台,台下通大道。又主持商定二月二日为二月会,由商户出资,地点设在关帝庙;三月会为东岳泰山圣诞会,三月二十八日为青苗会,由理川全街众人出资。四月会为九圣庙会,从四月十五到二十二日,历时七天,由理川地区群众出资。这些庙会对活跃当地精神文化生活,促进物资交流产生了积极而重要的影响。他又发动地方民众补筑城邑、教练土团,惩治邪恶,除暴安良。有一恶棍纠合所谓"十八弟兄"为非作歹,横行乡里,使当地鸡犬不宁。他协助地方官府将这一恶棍就地严惩,人心大快,地方安宁。

文鸣凤(1862—1916年),化马乡化马村人。清光绪十二年(1886年)中武举,曾在陕西督标绿营兵中任职,后于光绪二十七年(1901年),因护驾光绪帝西狩有功,被授任陕西督标五品校尉,镇守兴平。晚年辞官回家,办铧厂、铸大钟、修寺庙,兼营药材生意。

马建元,生卒不详,木耳乡木耳村人。清光绪二十三年(1897年)中丁酉科武举。出身富豪之家,良田百亩,性情直爽为人厚道,主持正义,治家严谨。重视教育,同时积极出资出力,广栽树木,修桥补路,为民造福。他倡导主持所栽柳树、白杨和松树,遍布下川到木耳村和麻尼湾等处,新中国成立时还郁郁葱葱。民众为了表彰他的功德和业绩,发捐资,特请书法名家刻写:"黄海家风""造福桑梓""公正可风""青云高步""龙门在望"等匾额多幅。

马仲遴,武举。乾隆年间,升补陕西神道岭营千总。

寇建尉,武举。乾隆中,授洮营千总,出征金川,攻克勒吉尔。战后赐骑都尉,世袭。

马世俊,武举。授西安镇把总,出征金川,战后赐恩骑尉,世袭。

王希召,武举。任巩昌千总。

王重金,乾隆甲寅科(1794年)武举,任甘州把总。

秦玉辉,武举。署理文营把总。

孙述武,武举。署理文营把总。

王京,武举。任千总。

马任远,宕昌人,清康熙丙午武举,因军功升任文县守备。

赵登甲(1873—1933年),字顶山,今宕昌县哈达铺乡金布山人。他从小习文练武,清光绪二十三年(1897年)中武举,在陕西督标后营任职,镇守兰州铁远门。

王勋,文县人,雍正年武进士,御前侍卫。

张鸣谦,文县人,光绪年乙酉科武进士,曾任泗州卫守备,继升江苏洪湖水师营参将。公性爽,爱郊游,仗义扶危,不畏权贵。与黎元洪有结义之好。

李登先,顺治初任洛阳守。

山节斗,顺治初以军功任宁强游击。

朱有能,康熙初任千总。

庞翠,康县东窑平人同治年间曾任山西省汉南青石关千总。

崔尚德,康县西全洞坡人,光绪年间任白马关把总。

马兆福,武生,六品蓝翎。署本营把总。城陷时,所部兵皆惊逃。兆福孤身对敌,血战半日,杀贼四十余人。贼众爱其勇,欲诱之降。兆福厉声曰:"吴为国家死节,岂投汝逆贼耶?"奋战愈厉,贼暗以炮伤其股。遂被执,与次子佐君,不屈而死。赐云骑尉,世袭。

赵士楷 字式如,徽县武庠生。品行正直,孝顺父母,善待朋友。清同治(1862—1874年)初,帮助地方官员布置军事防务,成绩显著,被举荐为五品官职。后来他弃武习文,上级委任他为四川典史之职。同治十三年(1874年)补缺授任威远典史。到任后,铲除贪官污吏,整顿法制,重新编定保甲,平息民间纷争和平反冤假错案,深受上司赞许。光绪八年(1882年),死于任上。当地百姓痛哭三天,还为他制锦屏寄到徽县,歌颂他的政绩。

表5-1 明代武举列表

姓 名	籍 贯	及第时间
何 道	武都县	崇祯庚辰(1640年)
李国柱	文县	天启甲午科(1417年)
王 豸	成县	天启甲子科(1624年)
何宏道	成县	崇祯庚辰科(1640年)

表5-2 清代武举列表

姓 名	籍 贯	及第时间
寇建尉	武都县	科分无考
马仲选	武都县	乾隆丙子科(1756年)
马世俊	武都县	科分无考
赵 彩	武都县	科分无考
李多馥	武都县	道光辛卯恩科(1831年)
张连三	武都县	光绪丙子科(1876年)
马金龙	武都县	科分无考
马仲遴	武都县	乾隆丙子科(1756年)
张 绅	武都县	乾隆乙酉科(1765年)
白玉彬	武都县	乾隆己亥科(1779年)

第五章 陇南著名武将及武术文化名人

续表

姓　名	籍　贯	及第时间
马　德	武都县	道光辛卯恩科（1831年）
彭殿元	武都县	道光辛卯恩科（1831年）
朱耀山	武都县	光绪乙酉科（1885年）
王运龙	武都县	光绪某科
何奇绩	文县	顺治庚子科（1660年）
张毓蹯	文县	康熙壬子科（1672年）
王重金	文县	乾隆甲寅科（1794年）
秦玉辉	文县	道光某科
张绮文	文县	咸丰己未恩科（1859年）
张鸣谦	文县	光绪乙酉科（1885年）
张毓瑞	文县	顺治丁酉科（1657年）
罗泰岱	文县	顺治庚子科（1660年）
张凤翎	文县	乾隆癸酉科（1753年）
王希召	文县	乾隆某科
孙述武	文县	道光辛卯科（1831年）
杨腾霄	文县	光绪壬午科（1882年）
张冰壶	成县	顺治甲午科（1654年）
赵超俊	成县	不详
陈廷俊	成县	不详
赵连城	成县	乾隆丙午科（1786年）
陈维新	成县	不详
贾万春	成县	乾隆乙卯科（1795年）
朱绳武	成县	不详
姚万清	成县	不详
汪映星	成县	不详
姚松年	成县	不详
武克用	成县	不详
张殿魁	成县	不详
陈庆云	成县	不详
闫士俊	成县	不详
胡绍英	成县	不详

续表

姓　名	籍　贯	及第时间
张殿华	成县	不详
石贯珠	成县	不详
姚世华	成县	不详
逯锦堂	成县	不详
姚登第	成县	不详
姚含辉	成县	不详
乔国望	成县	不详
乔茂材	成县	不详
屈尚德	成县	不详
张献珍	成县	不详
赵万春	成县	不详
赵希武	成县	不详
孟　魁	礼县	乾隆己亥科（1779年）
黄连奎	礼县	嘉庆甲子科（1804年）
姚三益	礼县	嘉庆丁卯科（1807年）
祁一熊	礼县	道光戊子科（1828年）
赵登科	礼县	道光辛卯科（1831年）
黄大铺	礼县	道光甲午科（1821年）
王　言	礼县	道光丁酉科（1837年）
周来复	礼县	道光丁酉科（1837年）
王　谱	礼县	道光己亥科（1839年）
杨文秀	礼县	道光甲辰科（1844年）
屈广元	礼县	道光甲辰科（1844年）
桑凌云	礼县	咸丰壬子科（1852年）
赵自成	礼县	光绪丙子科（1876年）
赵振翼	礼县	光绪丙子科（1876年）
王使位	西和县	顺治甲午（1654年）
王相彤	西和县	顺治甲午（1654年）
赵　瑄	西和县	雍正乙卯（1735年）
彭振藻	徽县	乾隆壬申恩科（1752年）

第五章 陇南著名武将及武术文化名人

续表

姓 名	籍 贯	及第时间
赵世禄	徽县	乾隆壬午科(1762年)
彭振家	徽县	乾隆辛卯科(1771年)
杨桂芬	徽县	乾隆己亥恩科(1779年)
王 京	徽县	乾隆庚子科(1780年)
李凤翔	徽县	嘉庆辛酉科(1801年)
罗绍宗	徽县	嘉庆辛未科(1811年)
李凤章	徽县	嘉庆癸酉科(1813年)
王 安	徽县	嘉庆丙子科(1816年)
高升魁	徽县	道光戊午科(1828年)
屈自修	徽县	道光甲辰科(1844年)
文登科	徽县	咸丰壬子科(1852年)
孙如桂	徽县	咸丰乙卯科(1855年)
王茂林	徽县	咸丰辛酉科(1861年)
萧显祥	两当县	嘉庆己卯科(1819年)
李 文	两当县	道光乙酉科(1825年)
王应显	两当县	清道光己酉科(1849年)
张中元	两当县	清光绪丙子科(1876年)
喜登云	两当县	清光绪乙亥科(1899年)
蒋继琏	两当县	不详
冯加可	两当县	不详
冯 嘉	两当县	不详
刘远龙	两当县	不详
余 江	两当县	不详
李耀林	两当县	不详
贺登相	两当县	不详
朱耀山	康县	光绪乙酉科(1885年)
谭国才	康县	道光乙酉科(1825年)
焦瀛洲	康县	光绪丁酉科(1897年)
马任远	宕昌县	清康熙丙午科(1666年)
王映奎	宕昌县	咸丰某科

续表

姓　名	籍　贯	及第时间
赵登甲	宕昌县	光绪丁酉科（1897年）
杨保忠	宕昌县	中举无考
马建元	宕昌县	中举无考
刘毓堂	宕昌县	中举无考
代邦栋	宕昌县	中举无考

旧时没有专门的武备学校，特别是在清朝武生同时和儒生在一起修文，并且武生要习练步箭、骑射之术。清康熙和乾隆都曾强调文武兼习的重要性，曾下旨："满洲以骑射为本，学习骑射原不妨碍读书，考试举人进士，亦令骑射，倘不堪中取，监察官及中式人一并以重治罪。"所以，满族人考文举时，"乡、会试马步箭，骑射合格，乃应制举。庶文事不妨武备，遂为家制"。这些武生、武举在封建社会做到文武兼修，可以和文官一样做官入仕，入乡成为社会贤达，为乡贤文化的发展起到了一定作用。表5-1和表5-2分别为明代武举和清代武举情况。

《文县志》载：

花灯戏，是由民间歌舞耍花灯发展形成的，起源于明万历中期（1596年前后），由四川迁居甘肃文县玉垒关的袁氏家族，将流行于四川的"花灯戏"带至甘肃文县演唱，从袁氏家族的"家谱"查考，有位叫袁应登的系明王朝敕封"千总"，他在上京应试之前，曾向玉垒坪的"三官神庙"许愿：如能考中，回来重塑金身，唱大戏祝贺。后应试果然考中，敕封千总，回乡祭祖还愿，把"三官神庙"泥像换成金身（铜像），并在庙前修建戏楼，演唱"花灯戏"灯曲和玉垒本地的民歌小调，开始形成了玉垒花灯戏。从此，玉垒花灯戏声誉大振，四乡八村的观众都云集观看，至今已有400多年历史。

玉垒花灯戏的武音乐为耍灯的大鼓、大锣和大钹，文音乐为大筒子胡琴。演员则是土生土长的农家戏把式和爱好者，当地一些头面人物是主流，这和袁应登演戏还愿的现实要求密切相关。据口传资料，袁应登后来上京赶考，果然中了武进士，官授"千总"，回乡祭祖。就在玉垒关南山的靶子坝沟（也叫铜厂坝）开矿炼铜，并从重庆铸回三尊"三官"铜像,各重 1200 多斤。重修庙宇,并在"三官庙"前营建坐南向北雕花戏楼一座。花灯戏首次搬上舞台演出,既是千总爷为"三官"还愿,又是庆贺重修的三官庙宇和新建成的戏楼落成,也是陇南唯一被皇上敕封的京师武官还乡祭祖,声望大振。四乡八镇的山区观众云集于此,人山人海,热闹非凡。据第四批省级非遗"玉垒花灯戏"代表性传承人介绍:千总是皇上敕封的武官,相当于京师卫戍部队长官。现有袁氏家谱和一副"云路初登"的匾额表明,这位"千总爷"的官衔全称是"大明应授千总敕封讳应登"。他排行老大,老二叫袁应科,老三叫袁应举。第二代为袁贡生、袁继生、袁复生,上家谱时已是"大清"了。前任玉垒坪行政村主任袁怀勇,为袁家十四代传人。2006 年 9 月,玉垒花灯戏(项目编号:Ⅳ-8)被确定为第一批甘肃省非物质文化遗产。这位武举的应登还愿,首创玉垒花灯戏,历久弥新,已成为一支独立的地方剧种和文化遗产,而屹立于甘肃戏坛与特色文化之林。可以说,对当地文化的发展武举袁应登功不可没。

第三节　陇南武术名人录

宝卿,生卒不详,武都县志记载,"药王殿的贾道,武都汉王镇汉坪人"。早年曾在董福祥麾下任云骑尉之职,退伍后在武都药王殿出家,号贾道(道人)。老人练罗汉功造诣极深,一手七星鞭杆尤为绝技,横扫直扎,翻腾跳跃,如游龙戏水,进退闪躲自如,身棍合一,步法灵活。

刘守真,生卒不详,武都汉王寺(道家),晚年皆以教拳为主,门徒甚多。在武都所传有天齐棍、五虎群羊棍、大小梅花棍、扭丝棍、疯魔棍、四门棍、罗家枪、子龙棍、六合枪、明月刀、六合刀、五虎断门刀、纯阳剑、二堂剑、太乙剑;徒手拳术,八步转、八虎单拳、八门拳、分手八快、撕拳、母子锤等。

张忠成(1901—1978 年),武都县安化镇河坎村,19 岁离家出外谋生、闯荡,后参军于冯玉祥部下,在冯玉祥警卫连当过连长,练有一身硬功夫,擅长白龙带、六合拳、六合枪、单刀、双刀等,从部队回家后在家乡收徒传拳授艺,老人的白龙带更是独门绝技。为武都的武术发展起到了很大的推广作用。

胡有德,武都城郊乡腰道里人,俗称长指甲胡道。早年为了学好武艺,曾在甘州、凉州、肃州等地遍访名师,给人做长工十多年,艺成之后,浪迹江湖,晚年出家为道士。回乡后,住旧城山观音阁,87岁时无病而终。

卯老三,武都清水沟人;刘守真(道家),汉王人。两人晚年皆以教授武术为主,门徒甚多。所授武术套路棍有天齐棍、五虎群羊棍、大小梅花棍、扭丝棍、疯魔棍、四门棍。枪术有:罗家枪、子龙枪、六合枪。刀术有:明月刀、六合刀、五虎断门刀。剑术有:纯阳剑、二堂剑、太乙剑等。拳术有:八步转、八虎单拳、八门拳、分手八快、撕拳、母子锤等。

王子堂,武都龙凤乡草舍坪人。于光绪十五年(1889年)曾同张家川的夏振刚、成县的马寿昌去四川江油打擂。擂主外号"盖天红",是当地一霸,家中养有打手十几人。他有两个武术教师,武艺平凡,但自吹自擂,怂恿盖天红设擂,要"拳打陕甘两省,脚踢盖世英雄",打下擂台,丧命致残者不管,打赢者奖白银百两。王子堂、马寿昌前两轮各打倒一个教师,各得白银百两。盖天红特别生气,自己出台,手执双刀,口出狂言。夏振刚上台比赛器械,他用一条铁棍。蜀人不习棍棒,盖天红不屑一顾,不料未走三五个照面,即被夏振刚来了个"草里寻蛇"将刀击落,紧接着"黑虎掏心",盖天红一命呜呼,为当地除了一害。之后,夏振刚身挂彩绸,在鞭炮声中,跨上白马过街而归。

王步高(1885—1960年)(图5-3),西和县卢河乡草川村人,他为人忠厚老实,胸襟宽广。其祖父王珠儿在陇南武术界颇有名气,步高自幼随祖父习武,打下了坚实的基础,后投师少林拳师门下,勤学苦练,掌握了少林武术的真谛。他擅长猴棍、醉拳等。

19岁时王步高出外遍访名师。他先是在固原拜拳师黄某为师,后投师于邵银环,又问艺于孟玉堂、邱凤均、赵天翼等少林派大家。曾投军于固原石流当兵,任哨官3年,终不得志,而立之年返回故乡。返乡后为大户、商贾走镖谋生,常走于川、陕、宁、青之间,天命之年后,在家乡收徒传艺。

1928年的一个冬天,大雪封山,他途经离家十余里地后川坝草滩中,见一只猎豹扑向一少年,在少年性命危机之时,步高大喝一声,猎豹受惊,稍有迟疑,他迅即抄起手中鞭杆向豹子猛击过去,由于用力过猛,鞭杆被折断,就徒手空拳与豹子搏斗,用脚踢击豹子下部,豹子负痛号

第五章　陇南著名武将及武术文化名人

啸而逃。

图 5-3　王步高（王把式）

1929年，王步高参加了爱国将领吉鸿昌将军在天水举办的陇南武术大赛。在比赛中，他散打、套路演练均取得上佳的成绩，受到吉鸿昌的赞扬，并奖他双狮刀一柄、枪头一枚、勋章一枚、奖状一面。1944年又一次参加陇南专区在天水举行的武术比赛，获得第一名。

1957年秋代表天水地区去北京比赛，王把式的猴拳"金鸡独立"照在《新体育》刊物上发表。在1958年被《甘肃日报》以"铁拳深眼王"照片刊出。其套路有猴拳、梅花铐、金刚转；棍术为翻海棍、排子棍；枪术为黑鹰枪。收徒有麻仓仓、樊汉英、王尚斌等。

魏正刚，生卒年不详，《西和县志》记载"县北盐官镇人，平日卖武为业，体格健壮"。民国十八年（1929年），吉鸿昌将军在天水首次举行了陇南武术大赛，本县武林名人王步高、魏正刚参赛。王步高获第二名，魏正刚获第三名。民国三十三年（1944年），王步高、魏正刚代表西和武术队，参加陇南专区在天水举行的武术运动会，王步高获得第一名，魏正刚获得第四名。

赵斌（1901—1989年）（图5-4），西和县苏合乡赵家庄人。其祖父赵恕（清末武秀才），他自幼受其熏陶，从小就酷爱武术。由于勤学苦练，幼年时就打下了坚实的武术基础。在中壮年时遂投师于陕西燕子门派的镖师吴彦彪门下。吴彦彪为鹞子高三的掌门人,吴师传于鹞子拳、昆阳棍等。他擅长流星锤、长枪、棍术、九节鞭等拳械,软功更是厉害,80岁高龄时,还能表演拿手的绝技横叉、下桥、朝天蹬等高难度动作。

图 5-4 赵斌(赵把式)

赵斌曾多次参加省、地区武术比赛,每次都获得好成绩。1956年在北京举行的第一届全国体育运动会上,他获得了武术比赛三等奖。

1983年在江西南昌举行的全国武术观摩交流大会上,他取得了老年组优秀奖,荣获了金质奖。同年9月,他随同甘肃省体育代表团赴上海参加全国第五届体育运动会。赵斌在这次会上做了"鹞子拳"的表演,他武姿妙捷,功力深厚,银须飘洒,技惊四座,并获得了老年组金奖一枚,入选"全国武术八老",《中华武术》杂志还专文对他进行了介绍。

赵斌性格豪爽,任侠,非常注重个人修养。所学拳种较多,主要有:大红拳、中八路、八步转、鹞子拳、行者棍、梅花棍、紫金鞭、流星锤等,尤其擅长鹞子拳。

陈志忠(1900—1974年),礼县雷王乡陈家阳坡村人,一生痴迷武学,人称"陈把式",从小跟随父亲陈雕学习武艺。陈雕曾于少林寺学武,民国二十五年(1914年)率雷王山一带民众抗烟捐,被清政府杀害。志忠自幼跟随父亲,继承了父亲的贴身近战绝学"八步转""大八步"等拳术。壮年以后,与西和县西峪坪赵彦云、汉源镇李忠师傅相继拜山东拳师李忠学习武艺。1922年在岷县偶遇魏延魁,魏为武术世家,精于棍术,其母亲是武当派掌门。魏收志忠为关门弟子,志忠勤学苦练三年,继承

第五章　陇南著名武将及武术文化名人

了魏师傅一生绝学。魏师傅精擅棍术,尤以百步条子棍闻名于世,百步条子棍分为三十六天罡七十二地煞,与水浒一百零八将之数相吻合;按当地民间分类,棍(条子)分为排子鞭杆,排子长约五尺,鞭杆长约三尺。排子中有依据八仙所创的铁砂排子、太公排子、黄龙排子、梅花排子、云羊排子等;鞭杆有九宫八步转鞭杆、黑虎鞭、打神鞭等。拳术中的"九拳母子"传说是岳飞师傅周侗所创,还有大洪拳、小洪拳、燕青拳等。

李忠(1901—1976年),祖籍四川,西和县北关人。早年当兵到山东,认识了当地武术家陆燕彪,拜师学武。多年后回西和,已有极深的武功。他先后在五金厂和机械厂工作,60岁在机械厂退休。他多次参加地、县武术大会。

1956年在天水武术大会上表演获评为全地区第一名。1964年夏天水地区武术比赛大会在徽县举行,李忠获全地区个人全能第一名。

《西和县志》介绍:李忠,县北关人,身小而轻,举步有飞舞之象。幼年游侠在外,从山东杰士游走江湖,十多年后由陕西游走甘肃,因邀山东杰士到西和卖武多日,忠亦随同帮场,颇称耍手。其跳跃之轻妙,为近时所仅见。

李忠擅滚刀,舞短刀一刃,身前身后如电光飞瀑,全身似有十数柄刀上下滚动,使人眼花缭乱。卧地时,身体从地面弹起,刀亦随之而过,惊险万状。李忠身材瘦而精健,极富弹力,故跳跃如飞,一步之远,几达两米,为常人所不及。在举办武术表演或开场卖武时,李忠滚刀常为压轴戏节目,令观众喝彩不已。拳械套路有:小洪拳、少林八记、七星锤、小燕青、五梅棍、陆合枪、三六枪、双刀、滚膛刀、陆合刀、春秋大刀。1966年参加在漳县召开的武运会,李忠任裁判。其传弟子有席献珍、叶居里、蒲禄儿、吕丑娃、吴接力、张月生、杨全、乔周娃等。

马万青(1905—1997年)(图5-5)甘肃省岷县人,从小跟随老拳师朱月真习武,主要习练传统长拳、棍术。民国二十二年,从临洮来了个叫王振明的武艺人,武艺高强。马万青又拜王振明为师,后山东杂技团来岷县卖艺,有个叫"崔把式"的老艺人练就的双刀和单刀非常好,马万青又拜他为师,学会了单双刀。马万青成年后就挑起了家庭生活重担,边经商边练武。从1952年起,他与儿子们参加省、地、县各种类型的武术比赛,多次获得好成绩。1959年,中央新闻电影制片厂还专门来人为马万青一家拍摄了"武术之家"的纪录片。1979年在第四届全国运动会上马万青被评为全国先进体育工作者;1980年在山西举行的全国武术观摩大赛,有来自全国74名武林高手参赛。当时80岁高龄的马万青表演的梅花双刀,成为人们关注的焦点,也是甘肃队唯一获得优秀奖的运动员。同年,马万青被国家体委、人民日报社、中国体育报社、中国体育家协会等单位评为全国"武林五寿星"之一。1983年5月马万青被国家体委评为全国优秀武术辅导员,1991年被中国老年人体育协会《健康之友》编辑部等单位评为全国第三届健康老人。马万青先后培养了大批学徒,特别是在1985年以前,岷县属于武都地区管辖,马万青不仅当运动员又当武术教练,所以,对武都地区(现陇南市)武术的发展做出了很大贡献。

图 5-5 马万青老拳师

樊汉英(1919—1987年)(图5-6)民间拳师,甘肃省西和县十里乡姚河村人,幼时随父练拳,后又拜王步高为师,从师期间练功尤为刻苦,悟性极高,学得王的真传,练就一身超群武功,尤以醉拳、猴拳见长。1981年参加天水地区武术比赛,获一等奖,1983年在兰州参加省武术比赛,获拳术一等奖,棍术二等奖,1984年参加全国武术比赛,获雄师奖。樊汉英一生善良朴实,平易近人,有古长者之风,为王步高得意传人之一。传承套路有:金刚转、梅花铐、猴拳、排子棍、金风条子棍、单刀、大刀、少林剑、黑虎鞭、漫太极双鞭、双剑、流星锤等。承传弟子有:王建平、董松林、樊小红、张凤琴、姚小宁、姚卫生、吴能子、任付奎、侯瑞娃、任安宁等。

第五章　陇南著名武将及武术文化名人

图 5-6　樊汉英老拳师

　　王尚斌(1922—2000年),民间拳师,甘肃省西和县汉源镇北关村人,早年师从王步高,后师承赵斌,吸取二家之长,在武术方面别有风格。传承套路有:八步转、牛八路、燕青拳、王家黑鹰枪、翻海棍、五梅棍、陆合大刀、春秋大刀、九节鞭、紫金鞭等。

　　他终生习武,提倡武术以健身为重,除健身、防身以外,修身修德,德艺双馨。早年虽然家道清贫,但乐于助人。教子做人,身体力行,其子王森林也是陇南武术名家。一生授徒甚严,十分重视人格修为。凡晚辈来求教,从不吝啬赐教,入室弟子有:南双全、南瑞然及其子王森林等。在1968年参加甘肃省武术协会举行的武术邀请赛上,王尚斌表演了他的全部套路。

　　王森林(1949年生),民间拳师,西和县武术协会副主席,中国武术六段,自幼随父王尚斌习武,后又师从西和武术名人李忠、赵斌为师,尽得真传,擅长八步转、牛八路、燕青拳、王家黑鹰枪、翻海棍、五梅棍、梅花棍、陆合大刀、春秋大刀、九节鞭、紫金鞭等。1966年,天水专区在漳县举行武术运动会,王森林取得少年组全能第二。2014年甘肃省传统武术锦标赛上,67岁的老拳师王森林九节鞭获老年组第一。

　　吴全才(1925—2001年),民间拳师,甘肃省武都区汉王镇人,农民,自幼跟随外公习武,外公胡教师(名胡聚)曾在少林寺练拳多年,所以吴全才从小就习练少林拳、大红拳、蝴蝶花拳、大刀、单刀、双刀、六合枪、子龙枪、少林棍、大小梅花棍、连枷棍、纯阳剑、鞭杆、流星锤等。吴全才在擒拿格斗方面也有好的技法,老年时在武都汉王榨油厂当门卫时,有一位年轻人提出要和吴全才切磋比试,年轻人还没有反应过来,已经躺倒在地。吴全才一生爱好武术,闲暇时授徒传艺,一生授徒较多。

周克木(1951年生),回族,民间著名拳师。现任陇南市武术文化协会主席、中国武术协会会员、国家一级社会体育指导员、中国武术段位考评员、武术六段。2014年周克木被《武魂》杂志评为武魂百杰和第四期封底人物。他自幼酷爱武术,师从老拳师刘克俭习练九节鞭、双刀等传统武术。周老拳师为人和蔼,对学徒传授武艺时孜孜不倦,耐心善导。由于对武术事业的执着和热爱,1992年周克木被推选为武都县武协主席。为了培养更多的武术人才,他于1993年创办了陇南白龙武术馆,现学员遍布全省各地。他不但办馆收徒传艺,为了发展武术文化事业,还不遗余力地到处奔波,组队参加各种武术比赛,曾两次组队代表陇南市参加了甘肃省第九届、十届全运会;2004年承办了甘肃省"长安杯"武术比赛。十余年来经常参与春节文化活动,编导、创新和设计龙狮表演。

2003年周克木被推选为陇南市武术协会副主席。通过武术赛事积极推广武术事业,不光组织武术爱好者参加比赛,自己也积极参与比赛活动。2011年在中国香港第九届"武德杯"国际武术比赛中,他本人荣获双刀一等奖,56式陈氏太极拳三等奖。他虽已花甲,仍然奔波在武术发展与推广的事业中,由于工作成绩突出多次被省、市文体部门评为"先进工作者",被兰州、天水武术比赛举办方分别授予"弘扬武术贡献奖""第六届华夏武状元"金腰带。

王普(1935年生),出生于岷县,后移居宕昌县。他从小习武,师从王大化派马万青,精通棍术、鞭杆等,擅长刀术。王普曾经担任过宕昌的武术教练多年,培养了大量的武术人才。王普老人兴趣广泛,除了练拳习武,还写诗词、精通书法、钻研文物考古。

赵方针(1953年生),汉族,他从6岁在父亲赵斌的教导下习武,10岁参加天水地区在徽县举行的武术比赛。1972年参加天水地区的甲组初级套路培训班。1973年参加甘肃省在天水举行的武术表演赛获第二名,后多次参加天水地区的武术比赛都获奖。1984年代表陇南地区参加甘肃省在兰州举办的第一届农民运动会获第二名,2004年参加陇南市第三届运动会,荣获拳术、棍术两项金牌。

罗洪(1962出生),陇南武都人,民间拳师。他从小酷爱武术,20世

第五章 陇南著名武将及武术文化名人

纪 70 年代师从民间老拳师李东荣、吴全才、李森林等人学习武术基本功和套路。80 年代到嵩山少林寺就释行书和尚学习少林拳。尔后到河北沧州、山东济南等地遍访名师学习拳、械。从 2000 年开始钻研习练陈式太极拳、械套路。经过十多年的磨炼,他的陈式太极拳、少林拳,尤其是九节鞭、三节棍、流星锤、手连枷、大刀、鞭杆、双刀等都相当精湛。他曾多次代表陇南参加全国农运会,荣获金、银牌各一枚。2016 年参加"三亚南山首届世界太极拳文化节"大赛获一金一铜,在 2016 年"第五届武当国际演武大会"上一举夺得四枚金牌。1991 年获"国家一级拳师""一级社会体育指导员"称号,武术六段。他开办了武都阶州武馆,闲暇时收徒授拳传艺,为武都培养了大量的武术人才,对武都武术的发展做出了很大贡献。

李世武(1964 年出生),宕昌人,现中学体育教师,受家族武术的熏陶,自幼喜爱武术,其父为了激励他学习武术,故取名世武。李世武 13 岁开始便跟随父亲学习家传套路子母锤、滚龙鞭杆。初中毕业后就读于岷县师范,在此期间,曾拜师于岷县包师傅(包海娃),利用星期天习练曾锤和棍术。后又投师于岷县城东门王耀德师傅学习少林二路化手单刀、罗家枪、乱步摊棍术、少林八步转拳法。包王二师皆为岷县有名的拳师。参加工作后李世武仍然坚持习武练拳,并且利用休息时间办班授拳,培养少年儿童,传播武学。他曾多次承担宕昌武术队的教练员,率队参加陇南市六运会、七运会等赛事都取得过良好的成绩。

王海平(1969 年出生),成县小川镇人,民间拳师。现任陇南市武术协会副秘书长,成县武术协会副主席。自幼喜爱武术,20 世纪 80 年代后期开始随其岳父(西和县洛峪镇齐家庄齐佐文先生)习练长拳、地方传统器械栓子鞭、三十六鞭、走棍排字、八步转、中八路等拳种。也因习武深得齐老的赏识,与其女喜结良缘。2012 年至 2015 年先后在郑州郑上路陈正雷太极拳馆、河南陈家沟朱天才太极院举办的太极拳培训班学习陈式太极拳。后又拜师兰州大学武术协会主席张凤英学习陈式太极拳,2014 年 7 月参加甘肃省武术协会举办的陈式太极拳段位制套路培训,并顺利通过考试取得中国武术陈式太极拳五段资格。2015 年取得了陈式太极拳指导员、考评员资格。2015 年 7 月在甘肃省传统武术锦标赛上,他的陈式太极拳五段套路荣获金牌,八步转和三十六鞭杆分别获得银牌和铜牌。同年 8 月又参加了在天水举办的华夏武状元国际争霸赛,八步转和三十六鞭杆均获金牌。

陈月新(1972年生),礼县雷王乡陈家阳坡村人,"陈家拳"第三代传承人,自幼跟随父亲习武,练就了扎实的武术基本功,习得传统武学精髓。在父亲陈补正的教导下,陈月新全面学习继承了"陈家拳"的精髓。他不受传统思想的束缚,打破门户观念,20世纪80年代初期,在本县一些乡村举办短期武术培训班。后来在西和、宕昌、山东等地举办武术培训班,并在山东、河南等地武术学校当教练,给青少年教授传统武术。他在教学生的同时,也向同行们虚心学习,互相切磋技艺,兼收并蓄,对少林拳、武当拳以及国家规定的武术套路都有广泛的学习和掌握,是一位传统武学较为全面的拳师。

1987年,陈月新参加全国第六届运动会武术比赛,2007年被评为武术项目国家三级裁判员,同年第一届重振礼县武术协会,当选为礼县武术协会副主席。2007年获"秦风武魂"全县武术比赛少林棍套路一等奖,夺得擂主,由礼县武协授予锦旗一面。2021年他被评为国家三级社会体育指导员。2019年,陈月新创办礼县"陈家拳武术俱乐部",为继承传播中华传统武术不懈努力。

董小鹏(1973年出生),西和县汉源镇五里村人,曾在武警部队服役。现为中国武术协会会员,中国武术六段,武术二级裁判,二级社会体育指导员,陇南市市级非遗陇南鞭杆代表性传承人。任西和县武术协会副主席、秘书长。自幼学习传统武术,精通小红拳、七星锤、八步转、中八路、小燕青、少林八记、梅花拳、地功拳;器械有滚刀、六合刀、三六枪、龙形剑、梅花棍、白辕棍、黑虎枪棍、五梅棍、紫金鞭、黑虎鞭、闩子鞭、扑膛鞭、拨草寻蛇鞭。在2011年中国香港国际武术节比赛中,董小鹏表演梅花棍获银牌,2013年在甘肃传统武术锦标赛表演棍术获铜牌,2018年西北五省武术邀请赛暨甘肃传统武术锦标赛中,太极刀获金牌、太极拳获二等奖。

第六章 陇南武术文化相关内容研究

陇南武术文化属于中国传统文化的重要内容和组成部分,陇南武术在其发展的过程中深受中国传统文化的影响,才逐渐形成了如今这一发展态势。陇南武术与中国传统文化之间有着极为密切的联系,研究二者及其相关关系,无论是对于陇南武术还是中国传统文化的弘扬与发展都具有深远的影响和意义。本章就对陇南武术及其文化相关内容做具体的研究与分析。

第一节 武术文化与中国传统文化思想

中国传统武术是中华文化的瑰宝。它博大精深、源远流长,不仅具有严密的哲学思想、系统的技击理论、完整的锻炼体系,具有强身健体、祛病延年、防身御敌、制人取胜、修身养性、悟道怡情等一系列神奇功效,而且还依托一定的政治、经济背景,跟军事、宗教、教育、医疗、艺术、嬉戏等活动紧密相连和相互渗透,表现出中国人特有的文化精神、哲学智慧、社会心态、风俗民情、审美观念、艺术情趣、思维定式、行为方式,因而是中华文化的一个显著象征。

武术与中国传统文化有着不解之缘,中华传统哲学、养生学、中医学、宗教礼仪的思想和观念都对武术文化产生了深远的影响,极大地丰富了武术文化的内涵,使武术文化成为中华文化显著的文化符号,具有极高的辨识度。武术在发展过程中不断汲取传统文化的精髓,是中国传统文化的集中体现,是中国人独特的身体语言,承载着中国传统文化的核心价值内涵。即使是在动荡不堪的近代中国,武术也依然是支撑中国人民奋起抗争、自强不息的强大精神支柱。武术并未因官府禁止而消亡,从霍元甲的精武体育会到张之江发起的中央国术馆,习武人尚武爱国、自强不息的精神,不仅凸显了武术的文化特征,也在中国伟大复兴的道路上添加动力。武术从最开始的防身技能、为国家军事服务,到如今的强身健体、修身养心,始终贯穿着中华传统文化的精神内涵。

一、先秦时期诸子百家学术蕴含武术文化

（一）老子的刚柔论

老子,姓李名耳,字聃。春秋时期楚国人,担任周朝守藏史。是中国古代思想家、哲学家。他的思想反映在他的著作《道德经》中。他的一个重要观点是"反者道之动",说世界上的一切事物总要向其反面发展。由此,老子得出结论:"柔胜刚,弱胜强。"这一思想对中国武术的影响是很大的,在武术的方法上影响也是直接的。老子说:"将欲歙之,必固张之;将欲弱之、必固强之;将欲废之,必将兴之;将欲夺之,必固与之,是谓微明。"这些话,充分体现了老子"反者道之动,弱者道之用"的思想。上文"歙之""张之""弱之""强之""废之""兴之""夺之",说明了"歙张""强弱""兴废""与夺"的关系。老子的"道"即是万物必须遵循的原理、原则。老子说出了以柔弱胜刚强之理。后来的庄子,把老子的思想具体用到剑术上,说:"夫为剑者,示之以虚,开之以利,后之以发,先之以至。"要想取胜对手,必须虚实变换,诱使对方陷入圈套、犯错误,后发制胜。

老子说:"天下之至柔,驰骋天下之至坚。坚强居下,柔弱居上。"刚强者拒地于外,柔弱者诱敌于内。《易》曰:"柔之为道,不利远者",又说"柔不及远"。刚强者,恃力,以力降人,使用兵器沉重,专以兵器碰撞对手的兵器;柔弱者,不招不架,顺人之势,借人以力,攻击目标是敌人身躯,而不是敌人手持的兵器。以手中之利器,击敌之身躯,强弱逆转,由敌强我弱变为我强敌弱。固柔能克刚,弱能胜强。

老子在战略方面的思想,"不敢为主而为客,不敢进寸而退尺""以守则故"的思想。以静待动,反客为主。主为阳,为刚,位于明处,暴露自己,易为人乘。客位为阴,为柔,位于暗处,人不知己,反战先机。

老子说:"天之道,不争而善胜。"老子的思想是"不争",被视为美德,这种思想对武术也产生了深刻的影响。武术讲求武德,不争强好胜。

中国传统武术以技艺高超服人,而不是以凶狠残暴伤人。崇尚高超的武技,而不崇拜低级的打斗。

(二)孔子儒家思想重德

"老子传道,孔子倡德"。据史载,孔子在"矍相之圃"进行以"射术"比赛为主的大型演礼活动时,"观者如墙",他则要求"贲军之将、亡国之大夫与为人后者不入,其余皆入",所以"盖去者半,入者半"(《礼记·射义》)。因为"贲军之将无勇,亡国之臣不中,求为人后者忘亲而贪利",所以,他们皆无观射演礼的资格。孔子还认为:"勇而无礼则乱""射者,仁之道也。射求正诸己,己正而后发"。他对学生的这种"射""御"教育更体现了一种"德艺双修"的整体观,追求武技的增进不是唯一目标。

在个人修养方面,孔子主张"温、良、恭、俭、让"和"君子无所争"。在中国传统武术上,表现为不争斗胜,不炫耀于人。然而,孔子并不主张一味忍让,他主张"智、仁、勇"。他说:"智者不惑,仁者不忧,勇者不惧。"中国传统武术要求习者有高尚的情操,而不炫耀武力。

(三)兵家思想

春秋战国时期,孙武所著的《孙子兵法》是我国古代最杰出的军事理论著作,对中国传统武术影响也很大。

孙子说"声不过五,五声之变不可胜听也;色不过五,五色之变不可胜观也;味不过五,五味之变不可胜尝也。"孙子用五声、五色、五味之变,比喻奇正相生,无穷无尽,言兵势变化无穷。

孙子说:"勇怯,势也。""兵得其势,则怯者勇;失其势,则勇者怯,兵法无定,惟因势而成也。"武术讲求"得机得势"。

《吴越春秋》中越女剑法有"布形候气","形"为外形,"气"为气势,就是"得机得势"的意思。

《庄子·说剑》"示之以虚,开之以利,后之以发,先之以至",这些思想也源于兵法思想。孙子说:"兵之形,避实而击虚。"

二、武术文化与中国传统哲学

(一)武术文化与阴阳学说

阴阳学说是中国古代人民创造的朴素的、辨证的哲学思想,是最具代表性的中国传统哲学思想之一,认为凡事都有阴阳两面,阴阳属性是事物发展的根本规律。包括阴阳对立、阴阳互根、阴阳消长和阴阳转化。凡是运动着的、外向的、上升的、温热的、明亮的都属于阳;相对静止的、内守的、下降的、寒冷的、晦暗的都属于阴[①]。自然界任何事物或现象都是既相互对立,又相互依存的阴阳两面。阴阳是对事物内部属性的概括,任何事物都不是处于绝对的静止状态中,而是始终在不断地运动变化。武术受阴阳学说的影响,在实践中形成了一系列阴阳范畴,如攻防、刚柔、虚实、开合、起落、进退等。武术的拳法拳理来源于中国哲学思想,最典型的就是太极拳,始终将肢体动作与吐纳相结合,刚中带柔,柔中带刚,阴阳消长,物极必反,以静制动,体现阴阳转化的思想。周敦颐的《太极图说》认为阴阳统一于太极,太极动静而产生阴阳之气。在这里我们引用近代著名太极拳家杨澄甫先生的一句名言,"中国之拳术虽派别繁多,要知皆寓有哲理之技术。"《太极拳经》说:"太极者,无极而生,动静之机,阴阳之母。"对于阴阳变化在武术中的表现主要是阴中有阳,阳中有阴,阴阳互转,阴阳相济等。大多数拳种都强调刚柔相济、动中有静、虚实分明。反映在武术动作上阴阳还表现在开与合、轻与沉、快与慢、收与放、攻与守、圆与方、进与退等。

内家拳的功法:注重练精化气,练神还虚,调理脏腑,使之内壮。在体现形式上,讲究内刚外柔,绵里藏针,故为阴动拳之称。其技击特点,是以柔克刚,以静制动,先化后发。

外家拳的功法:注重外练筋骨皮,使之外强,在体现形式上,则讲究动若江河,势猛力刚,是以刚克柔,以快胜慢,先发制人,阴与阳相互制约,平分秋色。

(二)武术文化与五行学说

所谓五行,就是水、火、木、金、土。水曰润下,火曰炎上,木曰曲直,金曰从革,土爰稼穑。润下作咸,炎上作苦,曲直作酸,从革作辛,稼穑作甘。五行相生相克之说,金生水、水生木、木生火、火生土、土生金。练功要考虑到季节、时间、方位、人体生理机能的变化等因素,选择合适的习练方式,以达到养生健身的目的。流行于广东的"少林八卦五行功",根据不同的季节和人体内五脏的变化,分别进行卧功、坐功、站功、走功

[①] 张珍玉.中医学基础[M].北京:中国中医药出版社,2002:124.

第六章　陇南武术文化相关内容研究

的各套练习,秋季主练脾胃功,使之有助于肝功;冬季主练肺功,使之有助于肾;春季主练肝,使之有助于心;夏季主练心,使之有助于脾胃[1]。武术深受阴阳五行学说的影响,体现在武术实践中,武术习练正是遵循五行相生相克的基本原理来合理设计安排,并结合中国传统医学,达到修养身心的目的。

(三)武术文化与天人合一

中国传统哲学思想的最高境界就是达到天人合一,追求人与自然的和谐。孟子明确地提出"天人合一"的思想。孟子首次以心、性解释天,给人以道德的属性,他把心、性、天三者结为一体,"尽其心者,知其行也;知其性则知天矣",孟子的"尽心""知性""知天"似乎用心将天、人合为一体,从而达到"万物皆备于我"的境地。

宋初理学五子之一的邵雍曾说道,"学不际天人,不足以谓之学"。对此,邵氏将《易》的内容分成两类,一类是研究物的,即"天学";另一类是研究人的,即"人学",或者"性命之学",此二者合起来就是"天人之学",即研究天人合一的内在规律。他借助和阐发《易传》思想,认为天地之间的阴阳、刚柔规律与人世之仁义有着对应关系,人之正邪与天地之阴阳、刚柔互为表里。在《观物外篇》中,则明确点出人之可达于天的目标:"自然而然者,天也;惟圣人能索之效法者,人也。若能时行时止,虽人也,亦天也。"[2]自二程自家体贴出"天理"二字,朱子在此基础上又不断发挥和丰富,使得理学成为宋明之际学术思想及官方意识的代表。在理学家眼中,"理"之背后即是"天","理"之规范对象则是人,人之为人,便是要依理而行,变化气质,使自身不被一己私欲所遮蔽,最终由人道进达天道,也即实现"天人合一"。

概而言之,中国传统文化自其当时之日起,便将天人合一、人副天数,以及参赞天地之化育作为自己的核心标签。中国传统哲学中,产生影响最大的儒、道、释三家,它们之间虽有诸多不同乃至对立的观点,但却都以不同方式秉承和信奉天人合一的法则,强调人与自然万物、天地主宰的相感相通。有鉴于此,钱穆先生指出,"中华文化特质,可以'一

---

[1] 莱拉珠.刍议阴阳五行学说对武术理论的影响[J].搏击(武术科学),2014,11(07):51-52.
[2] 邵雍.皇极经世书·观物外篇[M].郑州:中州古籍出版社,1993:94.

天人,合内外'六字尽之"①。张岱年先生也认为,中国人认为天人本来合一,而人生最高理想,是自觉地达到天人合一之境界,物我本属一体,内外原无判隔。②

　　武术作为传统社会生活的一部分,其伦理精神必然也受到传统文化整体的引导与规范,"天人合一"即是其中最为核心和典型的表现。"天人合一"的思想反映到武术之中,不仅铸就了传统武术的学理基础,同时也指导着其技术实践,其中尤其以"气"和"德"最为突显。"天人合一"视域下之"气",既可以作生化万物的始基,更可以借此成为人体与自然之间的物质和能量联结。由此,"练气""养气""精气神"成为传统武术理论的重要内容。"天人合一"视域下之"德",也即《中庸》所谓"万物并育而不相害,道并行而不相悖,小德川流,大德敦化,此天地之所以为大也"③,体现在武术的发生与习练上,则要求武术在创发、学习和使用的过程中,都依循兼容并蓄、和而不同的理念来执行,不仅维系人之身心的和谐,也要实现人与人、人与社会,乃至人与自然之间的共存共荣。

　　天人合一思想在传统武术中的直接体现,可以从武术招式取材自然现象与动物得证。武术家们经常会借用自然现象来阐述拳理,如《太极拳谱》中说太极拳"静如山岳,动若江河。迈步如临渊,运劲如抽丝。蓄劲如张弓,发劲如放箭"④。中国武术中不少的招式形态,也是参照自然界而来,如长拳"十二型"之说,即是借助自然物之发生或行动特点来阐释长拳的动作及其变化原理:动如涛、静如岳、起如猿、落如鹊、立如鸡、站如松、转如轮、折如弓、轻如叶、重如铁、缓如鹰、快如风。

　　传统武术强调"形神合一""武艺合一""德艺合一""武道合一"的多重境界,其内在理论根基也在于天人合一。它要求习武之人达到形体和精神的高度融合与统一,强调"运用之妙,存乎一心"的智慧,即在习练的过程中感受天地宇宙的变化,将技击之术融于自然大道中去探寻和感悟,即所谓"拳虽小技,大道存焉",通过理解武术与天地之间的双向互动、彼此印证,最终实现个体生命境界及武术技艺的双重升华,最

---

① 钱穆.从中国历史来看中国民族性及中华文化[M].北京:九州出版社,2011:12.
② 张岱年.中国哲学史大纲[M].北京:中国社会科学出版社,1982:8.
③ 朱熹.四书章句集注[M].北京:中华书局,2010:37.
④ 王宗岳.太极拳谱[M].沈寿点译.北京:人民体育出版社,1995:124.

终达到个体与万物之间的相互融通、一致不二。

《太极拳谱》将所创、所习之拳理,放置到天地大道之中考察,主张借助天人同体之理,实现乾坤之大天地与个体之小天地之间的圆融无碍,其本质也即"天人合一":

> 能以人弘道,知道不远人,则可与言天地同体,上天下地,人在其中矣……苟能参天察地,与日月合其明,与五岳、四渎无朽,与四时之错行,与草木并枯荣,明鬼神之吉凶,知人事之兴衰,则可言乾坤为一大天地、人为一小天地也。
>
> 要知天人同体之理,自得日月流行之气。其气意之流行,精神自隐,微乎理矣!夫后言乃武、乃文、乃圣、乃神,则得矣。若特以武事论之于心身,用之于劲力,仍归于道之本也,故不得独以末技云尔![1]

"道不远人"与"人能弘道"的合一,既肯定了天地之参照地位,又强调生命主体的能动及应然取向。这要求习拳之人仔细审视天地变化,把握事物变化规律,在此基础上去理会太极拳顺应天道自然的核心旨趣,并以之指导自身习练,最终成就"乃文、乃武、乃圣、乃神"的至上境界。

习武者讲究环境、方位、时机的选择,追求"吸收天地之灵气""感悟人生之奥妙"的境界。要求我们尊重自然规律,在长期的武术修炼中,讲究"内三合"与"外三合",即精、气、神的协调配合;肩与胯合、肘与膝合、手与脚合,在"阴阳五行学说"的指导下,达到"天人合一"的境界。天人合一思想还体现在武术人对自然界各种事物的模仿,汲取了各种动物的形象、动作、攻防意蕴,融入拳术的技式之中,如鹤拳、虎拳、蛇拳、螳螂拳以及一些武术招式,金鸡独立、白鹤亮翅等,都是天人合一思想在武术中的体现。

(四)佛教思想对武术文化的影响

佛教于东汉末年传入中国之初,与注重宗法等级制度的儒家不同,佛教作为种姓制度的对立面而出现,提出"众生平等"的思想,佛教与少林武术的结合,形成了中国特色的禅学。在古代,僧人的修行以吃斋、念佛和打坐为主,需要锻炼筋骨,同时为了保护寺院的财产,这就推动了

---

[1] 王宗岳.太极拳谱[M].沈寿点译.北京:人民体育出版社,1995:43-47.

佛教与武术的有机结合,形成了独特的少林武术。

佛门弟子将其顽强的意志运用于武术训练,自强不息、刻苦修炼;且佛教以五戒、十善为修行的基本法则,这种戒律在习武时同样得以体现;另一方面,将"修禅"的方法引入武术,禅拳相通,以武悟禅,注定心的修炼,通过修行者的悟性,明心见性,领悟武学境界;且佛家以慈悲为怀,戒斗戒杀,自身武艺多用于自卫,不伤及无辜,且不能将技艺传授给心术不正之人,这也与武术文化中"止戈为武"的理念和习武者对自身道德行为约束的准则相符合;佛教的慈悲、博爱情怀影响着武僧的行为准则,常有一种侠骨柔情的精神,因为他们态度谦和、以和为贵,常常礼让三分。于是,佛门与武林的结合,进一步强化了中国武术内外兼修、形神一体的特点,这正是武术文化屹立于世界体育之林最显著的文化特征[①]。

第二节 陇南民俗中的武术文化

一、社火中的武术文化

社火是中国传统民间文艺,历史悠久,集音乐、美术、民俗、舞蹈等为一体,综合性强,文化底蕴深厚,具有极其广泛的群众基础。每逢春节至元宵节,陇南城乡就会闹社火,在闹花灯、扭唱秧歌调的社火节目中武术就会表演"社火拳",它实质是以武术形式出场表演,为节日增喜添色又活跃气氛。陇南人闹社火主要意义虽然在于娱乐,但其起因和活动过程都与祭祀神有关,在娱乐功能之外,社火主要还是为了祭祀本村的龙王神、土地神及宗祠家神等,为的是保佑本村来年风调雨顺、平安吉祥。在元宵之夜,还要举行"蜿山"仪式,众多灯火排长蛇队,敲锣打鼓,围绕村庄游行一周,以求从此以后整个村庄不受狼虫虎豹、妖魔鬼怪的侵扰,有祈禳之意。

引狮拳:耍社火除了在村上较大的场地进行,耍社火一般还入居家庭院,往往是耍狮子,就会引斗狮子(引狮拳),引狮者都是民间会武之人,有时赤手空拳,跌扑滚翻,尽力显示自己的腰腿功及翻腾跳跃功,旨

---

① 陈炎.儒、释、道的体育精神[J].华中师范大学学报(人文社会科学版),2014,53(01):69-74.

第六章　陇南武术文化相关内容研究

在以高超的武艺和凛凛威风去威慑气势凶猛的"怒狮"。步法多以玉环步、穿林步、弓步、歇步、仆步、击步、麒麟步、叉步、碎步为主。有时则拿三尺竹节鞭或五尺棍杖，有时又执通红绣球灯。执鞭时演出西北特有的点、劈、架、撩、扫、截等单鞭手法。拿棍时练出急迅泼辣的抡、劈、舞花等招式。有时还以各种优美的平衡造型戏耍舞狮，造成紧张、惊险、诙谐、逗人的种种场面。演练时配以"隆咚锵、隆咚锵"之乐，充分体现出引狮拳者的步法节奏，神态举止及喜怒哀乐的神情。

引马拳亦称引纸马拳。此拳有一定难度，出场共八人，四男四女，其中男四人为马夫（马童），即练拳者。出场时，先由身背响铃（由几十个铃铛串在一起的铃群），身着社火拳服的马夫逐人单个练拳。套路多有劈叉、扫堂腿、旋风脚、飞脚、里合外摆腿、鲤鱼打挺（有的甚至有空翻、手翻）等难度动作。各马夫尽自己所能，套路结构、布局各异，竞相献艺。但一般有二十来个动作，套路短小精悍。之后由马夫两两相对继续演练，做出整齐划一的武术踢腿、拍脚、击步等动作，穿插备马的技术动作。要求每俩人的动作完全一致，否则就被认为是低水平。实际上是一种集体套路的形式。练拳中有二胡、竹笛等乐器伴奏，有时则由数十只竹笛齐奏出轻快、柔和、优美、圆润的曲调，使拳术套路显得更加协和、自如。

引龙灯：亦称引龙灯拳。此拳与引狮拳有相似之处，只是难度略小。所不同的是双手一直撑着带长把的红绣球灯。为保持灯亮而不灭（点灯时一般用蜡烛），手上的动作往往受限。但身法、步法较为突出。步法以行步、击步、跟步、仆步、叉步、退步、提膝平衡为主。身法则不外乎钻一翻起落，拧转穿贴。双手所握木把使西北单头棍法，以扫、拦、戳、提为基本方法。特殊的是此套路充分利用西北棍法中的倒把、换把等独特妙招，才使绣球灯在有限的场地中上下翻飞，左盘右旋，灵活地避开各种天然和人为的障碍与舞龙周旋，是一种有特色的武术运动的形式。

探马拳：春节闹社火的第一天，社火队均要举行"接春官"仪式。春官即社火队头人，一般由本村德高望重的老人充任。接春官表示春官上任。这一天，有踩高跷的，有马社火（骑在高头大马背上而装扮成各表演角色的马队），有高台（被众多人抬着行走，而装扮成各种戏剧角色的一种有相当高度、绝妙而惊险的人物艺术造型），有秧歌队……统称社火队。人人涂脂抹粉，乔装打扮。大队人马游街过巷，扭腰摆臀、尽情欢唱。鼓乐齐奏、热闹喧天，在社火队出发前先由二至四人装扮成古代武士模样,谓之探马,身背拂尘(甩子)、单剑,来回巡视探路,招摇过市,逗引观众。以示社火队必经此路。待社火队受邀请在某一大场地表演时,由春官点名,探马即下马入场表演。既可表演基本功,又可表演刀、枪、剑、戟任何套路或对练,练完后翻身上马,继续探路,为社火队鸣锣开道。

二、民俗祭祀当中的武术文化

陇南地区地处甘、陕、川三省交界,是秦陇文化、巴蜀文化的交汇地,文化底蕴厚重。同时,它不仅是古秦人的发祥地,而且也是中国古代西部氐人和羌人活动的主要地区,所以此地区既有华夏民族大文化的同源性,又有地域和民族的独特性。在陇南武都、西和、文县、康县、礼县等周边农村地区在庙会祭祀、攒神、祈雨等活动中会跳羊皮扇鼓舞,舞者多为专业神职人员"师公"。常见四人组合,左手持扇,右手持藤制鼓鞭按一定节律敲击扇面,声音清脆悦耳。有连续劈叉、空翻、腾空旋转、双手轮换撑地双腿坐地式平旋、双手持扇后仰等难度大、技巧性强的动作,最精彩时一人手持三四十斤重的八面扇子在胸前背后上下翻舞,动作带有武术、杂技色彩。在连续的辗转腾挪中,羊皮扇鼓上下翻飞旋转,铿锵有力。时而作盾牌状,时而作戈矛状,似武士沙场鏖战或出征前的衅鼓仪式。羊皮扇鼓舞动作中有"缠头裹脑""鹦哥松毛""摔胯""耸肩打鼓""弹脚""锦鸡蹲牡丹""打尖脚""反耍鼓花"等,其中,"反耍鼓花""缠头鼓""打脚尖"是三个比较典型的动作。在动作与动作的连接中,还融入了劈叉、前桥、鹞子翻身、踢腿、小射雁、旋转等,这些动作似武术、杂技动作,都带有陇南民间武术特点。

三、民间文艺的武术文化

霸王鞭,康县民间俗称"棒棒鞭",也有地方称"打花棍"或"打钱串子",作为一种说唱兼具原生态的集体舞蹈表演形式,因表演时手中所持道具名为棒棒鞭,遂以此为名。2007年8月,"康县霸王鞭"被列入甘肃省陇南市非物质文化遗产名录。近年来,经县文化体育局相关工作人员的屡次考察与完善,于2013年年底,"康县霸王鞭"申请列入甘肃省省级非物质文化遗产项目的行列中,也让更多的人认识和了解了这种艺

第六章　陇南武术文化相关内容研究

术形式。霸王鞭主要流行于陇南康县以东。相传在古代永康(今甘肃省陇南市康县),有一位氐羌武将英武神勇,威震四方,他擅长使用一种"鞭"形兵器。氐羌后人为纪念这位部族英雄,便把他使用的兵器"霸王鞭"流传后世。可见,"霸王鞭"由使用的兵器演变而来。与之相应的,有一些说唱兼有表演的民俗体艺范式。霸王鞭配饰小铁环,舞动时其声音清脆悦耳,再配以独特的身法及唱腔,很具有观赏性。之后人们便在各种喜庆、祭祀、集会场合使用,用以表达欢乐、喜庆之情,祈祷风调雨顺等,并逐渐形成了风格独特的表演套路。另一种传说晚清时太平天国的一个小分队隐匿在康南,他们在生产和生活的过程中将原来手中的武器逐渐作为防身器械、驱逐毒虫的工具。或出于应付突发状况,他们外出时往往要随手拿一根防身兼做拐杖的"棍",边走边舞动,随意玩耍。起初并没有什么固定的动作,一般都是兴致所至。在长期的挥舞中,逐渐演化出一种程式,几经改动和修饰,最后成为康南的一种健身和娱乐形式——霸王鞭(图6-1)。

图 6-1　棒棒鞭表演

陇南康县"棒棒鞭"动作既具有舞蹈的优美和体操的柔软、腾跃、整齐的特点,又具有武术的刚劲、干练、利落等动作特征,极具独特性和感染力。(1)体态律动:双脚并拢,右手持棍,膝关节稍屈进行上、下缓慢弹动,右手亦随身形上、下抖动,沉肩、松髋,身心应放松。(2)下肢动作:传统表演主要以武术基本步型和步伐为主体,包括弓步、击步、靠步、横裆步、云步、踢腿等;现今改编套路表演时多以"十字步"为基础,边走边舞,同时再糅合下蹲步、吸腿、走步、并步等动作元素,人们形象地将其总结为:"吸腿击鞭""十字步击鞭""蹲步击鞭""后踢腿反击鞭"等。

（3）上肢动作：主要以右手持棍以棍端或棍首磕打人体肩、背、腿、脚、腰、手臂和手掌等不同部位为主。霸王鞭表演动作含有武术的鞭杆动作，主要以棍端或棍首磕打人体肩、背、腿、脚、腰、手臂和手掌等不同部位为主。吸收运用了棍术和鞭杆技法中的扫、撩、云、劈、戳、挑、磕、抡、舞花、拨、点等技法。有"抡鞭""击地鞭""击腰鞭""击肩鞭""脚踢鞭""云鞭"等十多种方法。下肢动作以武术基本步型和步伐为主体，包括前后击步、弓步、靠步、横裆步、云步、踢腿等；上肢动作：表演者始终右手持鞭，握手处在鞭体正中间的位置，上身主要敲击左臂、左右肩、左右侧腰部，下身主要敲击左腿和双脚外侧，每个部位的敲击都以四拍为一组，通常从左小臂开始。前奏与间奏时的动作一般为右手持鞭垂直放在身前，手背朝上，鞭体一头朝外，左手由下往上拨动朝内的鞭体一头，使鞭在手中与身体垂直转动起来，转至外侧时，左手再由上往下拍鞭体，完成鞭体在手中的360度转圈，整个动作一个八拍完成，然后接后面的敲击动作。

霸王鞭唱词大多是神话故事和著名历史典故。"一人一马一杆枪，二郎担山赶太阳，三人哭活紫荆树，四马投唐小秦王。五郎出家在太行，镇守三关杨六郎，七郎死在法标上，八仙过海各逞强。九里山上活埋母，十里埋伏楚霸王，十一征东薛仁贵，十二刘秀走南阳。十三太保李存孝，十四铁镐王彦章，十五罗成打登州，十六保驾坐洛阳。十七临潼来斗室，十八清官八贤王，十九反了齐宣王，二十金定她下南唐。"唱词蕴含着仁义忠孝、扬善惩恶的人生哲理，旨在教化人心。

武都高山戏已有几百年的历史，相传明朝初期，一位名叫李文忠的大将军途经鱼龙镇，他为百姓扫除匪患，体恤民情，奖励耕作，后世为了感恩李文忠，举行群体性祭祀，表演既娱神又娱人的民间舞蹈"大身子"舞蹈。"大身子"舞从表演形式，表演内容，还是服饰打扮方面，都具有我国很多地方流传的傩舞特征。傩舞，俗称"跳傩"，是沿袭古代驱魔逐疾的"傩舞"仪式。《商礼·夏官》记载："方相氏掌蒙熊皮，黄金四目，玄衣朱裳，执戈扬盾，帅百隶而时傩，以索室而驱疾，大丧，先驱，及墓，入圹。以戈击四隅，驱方良（魍魉）。"武都鱼龙"大身子"舞，舞步动作原始、古朴，以马步、弓步、摆拳、跳跃为主，有时还穿插翻滚、排子等。在锣鼓的强烈节奏中，舞者时而腾挪翻转，时而挥刀舞枪，展现出粗犷古朴的舞姿风格，表达着人们驱邪祈福的愿望。武都鱼龙"大身子"舞表演内容有：《关公战颜良》《张飞祭枪》《关爷斩貂蝉》等。剧目以历

第六章 陇南武术文化相关内容研究

史戏及典故呈现一些古朴的武术动作。

　　武都高山戏从原始的巫术仪式中逐渐彻底转变为娱神、娱人、也自娱的多重性。经过多年的演变,演出内容更多是以现实生活为主,身边发生的故事和民风民俗成了最好的素材。高山戏虽没有向京剧那样有激烈的武打场景,也会有"武场"和"文场"之分,会演译一些历史故事,装扮一些历史武将,如演《武松打虎》《李逵探母》等段子。图6-2为高山戏进村巡演的场景。

图 6-2　高山戏进村巡演

第七章 武术及陇南武术文化的社会功能

任何文化现象都是在特定社会历史条件下产生的,是满足一个民族社会需要的结果。武术文化是中华民族传统体育文化的重要组成部分,同时武术文化也是中华文化的重要载体。武术文化植根于农耕文明,体现着一定的地域文化特色,是民族传统文化的载体,特别是传统武术也是中国武术的根和魂。传统武术在几千年的发展历程中不仅形成了多样化的运动形式和极为丰富的文化内涵,而且它所蕴含的社会功能也在不断变化。

第一节 武术文化的内涵

一、武术阴阳相合的哲学思想

(一)阴阳求"和"构建了武道辩证的哲学原则

古云,"天下之治道有二:'曰德,曰威';天下之学术有二:'曰文,曰武"。一文一武虽不同功,然却同理,故于武术之中同样不可离乎阴阳,况武术运动皆系由蹲蹦跳跃、进退起落、伸缩吞吐、左旋右转等多种动作和姿势所组成。在这些运动之中均无一不有阴阳之互易,更无一不有阴阳之分合。在中华文化史上,较早使用阴阳思想描述技击制胜之道的是庄子,《庄子·人间世篇》有:"且以巧斗力者,始乎阳,常卒乎阴,泰至则多奇巧。"到清代以后,阴阳哲学在武术理论中逐渐深刻和系统化。阴阳哲学在《易经》中得到充分阐述,阴阳对立统一的朴素辩证法思想演绎了一系列对立概念。动静、虚实、刚柔、开合、进退、内外、起伏、显藏、攻守等在武术理论与技术中得到极为广泛的应用。《拳经》中说:

第七章 武术及陇南武术文化的社会功能

"天地相合能下雨,拳之阴阳相合方能成其诀;拳之大要,重在阴阳。"这充分说明阴阳在武术的攻防技击之中,实为变化之根本,技巧之源泉。

(二)武术从动静结合中体现了阴阳相合的哲学思想

所谓动静,在武术中是动者亦静、静者变动,动者属阳、静者属阴、阳无纯阳、阴无纯阴、静无纯静、动无纯动,即阳中寓阴、阴中含阳、动中有静、静中藏动而相依相存。例如《吴越春秋》中有"见之似好妇,夺之似惧虎",杜甫的《剑器行》中有"来如雷霆收震怒,罢如江海凝清光",正是论述剑术技击的动与静。又如,查拳强调"行如风,站如鼎",意拳中有"动如山飞,静如海溢",就连一气呵成的翻子拳也有"行如风雷动似涛,坐似泰岳静如山"之说。王宗岳的《太极拳经》指出,太极以"动静之机、阴阳之母,动之则分、静之则合"。从武术运动的状态和运动属性来讲,"出平为阳,收平为阴,攻为阳守为阴,一阴一阳之谓拳",从而揭示了武术的规律:动则生阳,静则生阴,一动一静,互为其根;动不舍静,静中含动,一阴一阳,一动一静,武术之渊源,强身健体之本原,动静阴阳岂不贵乎。[①]

(三)武术从刚柔相济中体现了阴阳相合的哲学思想

所谓刚,主要是指坚硬、强悍、果敢。所谓柔,主要是指柔韧、缠绵、顺手不悖、不丢不顶、不即不离。刚者为阳,柔者为阴,刚柔既相互对立,又相依共存而不分,故无刚则柔不存,无柔则刚不立"[②]。在武术运动中,若重柔而轻刚,必过柔而不坚,过弱而不悍,过软而不硬,从而缺乏雄悍之劲力,成为舞蹈式软拳;若重刚而轻柔,势必僵而不化,呆而不活,滞而不灵,从而呈僵死易折之病态,岂能克敌制胜。所以,有刚有柔,刚柔相济方能"刚柔相推,而生变化",技巧乃出,制胜于人。例如,陈式太极拳讲究"显刚隐柔",杨、吴、武、孙式以柔为主,柔中寓刚;形意拳、八卦掌的出掌要求微屈,刚中有柔,劲以屈蓄而有余;长拳则是刚柔相济,讲究寸劲中由柔转刚,从而体现出唯刚柔相推,始能变化,实为攻防之根蒂,生克为化之玄机。[③]

[①] 姚淦铭.哲思众妙门——《老子》今读[M].天津:百花文艺出版社,2001:83.
[②] 曹志清.形意拳理论研究[M].北京:人民体育出版社,1997:132.
[③] 唐豪,顾留馨.太极拳研究[M].北京:人民体育出版社,1996:47.

（四）武术从虚实变换中体现了阴阳相合的哲学思想

虚实于武术之中，尤其是技击搏斗间，乃是决定胜负的关键之一。虚者为虚，虚也实；实者为实，实也虚。虚是灵敏巧妙之源，实是宏原强悍之根，两手的开合、出入的虚实、内气的上下运行、身法的左旋右转，都具备虚实变换，如太极推手讲究的"实中有虚"。陈鑫说："实中有虚，虚中有实，太极自然之妙用，至结果之时，始悟其理之精妙。"[①] 还有"示之以虚，开之以利，后之以发，先之以至"之说。总之，武术中虚实无所不在，虚实分明，又是互生，节节相连。即"非虚则变化不灵，非实则攻力不坚，非虚实兼备则无变化取胜之巧，非阴阳互易则无克敌艺术之妙"。

（五）武术从内外相合中体现了阴阳相合的哲学思想

武术既讲究形体规范，又追求精神传意、内外合一的整体观念。"内"即心、神、意、精等心理活动和气息运行。"外"即手、眼、身法、步等形体活动的表现。"合一"就是内与外形成有机联系的整体，达到形神兼备。例如，长拳的"外练手眼身法步，内练精神气力功"；太极拳的"妙手一运一太极，太极一运化乌有"；少林拳的"外练筋骨皮，内练一口气"；形意拳的"形断意连，以促使动作贯穿完整、一气呵成"，均体现了炼精化气、炼气化神、化神还虚的境界。高水平的武术套路演练要求把内在的精、气、神与外部的形体动作紧密结合、完整一体，从而达到心与意合、意与气合、气与力合，体现"内外合一、形神兼备"的统一观。

二、武术求善的生命哲学

（一）善与美融合的哲学思想

善是人们在实践活动中所追求的有用或有益于人类的功利价值。美是善在实践中的形象体现，即美不是在善之外附加上去的东西，而是善在实践中的生动显现，因此，在中国传统思想中，美和善往往是联系在一起的，"强调美与善的统一，真与美都包含在善之中"是中国古典哲学的基本特征，而武术由一门杀人的技艺变为惩恶扬善、除暴安良、去

---

① 张义敬.太极拳理传真[M].北京：重庆出版社，2004：34.

邪扶正的教化手段,形成了一整套维护社会安定,减缓社会矛盾冲突的"武德"。

中国武术不主张主动出击,而认为自卫防身、后发制人更能表现美德,即善。古代人道主义精神的渗透,不断削弱其功利价值。同时,美善统一、德术并重,也促进了武术套路的大发展,使中国武术在世界格斗术中具有最高的审美价值,中华武术以技击为核心,在技击的基础上实现社会与个人的目的和需求。当技击与社会及个人的目的需要完美地结合起来而掌握真与善的本质力量,通过武术这一具体而又光辉的形象显示出来时,武术自然就进入了美的境界,继而最终达到尽善尽美的精神境界。

（二）善与仁融合的哲学思想

中国武术自诞生起,就有着浓厚的道德色彩,特别是儒家的伦理道德观。儒家思想的核心是"仁",而中国武术大量的文献均显示出以"仁义"精神为核心的武德伦理思想。少林宗派《拳经拳法备要》强调:"道勿乱传。百般砥砺始能成,费尽精神用尽心。卫国保身方可用,操强逆理莫欺人。贤良密授于危国,邪妄休传害众生。大道等闲若轻授,须防九族尽遭邪。"《短打十戒》亦强调:"强横不义者不传,强横则为乱,无义负恩。"即使是不同的武术流派,武术的"仁义"思想均对授徒择人有严格规定。苌家拳《初学条目》规定:"学拳宜以德行为先,凡事恭敬谦逊,不与人争,方是正人君子。学拳以涵养为本,举动间要心平气和,喜气迎人,学拳宜作正大事情,不可恃艺为非,以致损行败德,辱身丧命。"[1] 这些规定对习武之人的德行要求是十分正确的,且各门派均是如此。因此,中国武术的"仁义"观集中反映了中华民族善良、淳朴、热爱和平的美德,可以说是善与仁的融合,是一门求善的生命哲学。

三、武术重德的人道哲学

（一）秉承中华传统伦理的哲学

中国武术自产生以来,就被纳入中国伦理之道。在中国古老而独特的伦理思想的哺育与规范下,形成了习武者应当共同遵循的道德规范,

---

[1] 周伟良.中国武术史[M].北京:高等教育出版社,2003:168.

这就是中华武术的一个重要内涵——武德。作为中国武术伦理观的核心,武德不仅具有个人体现武术伦理规范的主体意义,而且还包含了在整个武术社会活动中人际关系的内在秩序,即注重在武术活动以及参与其他社会活动时的秩序规范。它是经武林先辈长期的社会实践而创造和总结出的光辉灿烂的古代精神文明的精髓,积累和凝练了丰富的武术伦理道德思想,构筑了中国传统武术文化的核心。历经一次次的过滤、承接和改造,以一种"下位层次文化"即俗文化的积淀、社会意识的潜流,渗透于中华文化的深层结构中,同人们的生活方式、思维模式、行为标准、道德情操、审美情趣、处世态度与风俗习惯融为一体。作为传统社会武术群体中产生的道德现象,它是习武者的共同信仰,调节、规范与塑造着习武者的行为、思想乃至灵魂。它秉承着中华民族传统道德观念和价值原则,历经几千年的秉承、重释与发展,形成从择徒拜师、习武练武,到人生追求的一个繁杂的道德体系,广泛运用在习武、用武及日常生活之中。

(二)以礼为先的人道处世哲学

中国武术精神最初的也是最重要的形态是各门派必守的武德。武德是中国武术的重要内容。《左传·宣公十二年》提出武德有七:"禁暴、戢兵、保大、功定、民安、和众、丰财。"《春秋谷梁传》中认为习武者必须"德、技"兼备。《武技书》《太极拳谱跋》中都对武德做了规定。武术界与民俗中将不讲武德的人视为可恶者,并极力赞扬德高望重的武林高手。例如,宋代爱国将领岳飞、文天祥,清代韩慕侠、程延华、张占魁、孙福全等人均被世人视为武德的楷模。

在武术门派中均有"未习武者先修德""短武者不可与之学""丧理者不可与之教"的格言。《少林戒约说》提出:"习武者以强体魄为要旨。"倡导济危扶贫,匡扶正义,不可逞强凌弱。武德修养以礼为先,"未曾学艺先识礼,未曾习武先明德"是中国武师授徒时的常用语。"礼"在中国含义颇丰,其中之一是泛指古代社会道德规范。孔子在《论语·为政》篇中有一句"道之以德,齐之以礼"的话,把德与礼连在一起,是指社会道德规范。当今讲武德修养要以礼为先,旨在倡导习武者要有高尚的道德品格,以文明礼貌待人处事。自中国武林推崇"武以观德","尚德不尚力"的道德观念以来,几乎各个流派都开宗明义地强调了武德。这同中国是个重伦理的国家不无关系。

(三)知行合一的伦理人际哲学

传统文化将个体生命和社会生活的最后依靠都置于德性或智慧之上,认为通过培育个体生命之"诚"——"知行合一",便可以实现社会秩序的和善。对此,张岱年先生总结说,"中国哲学本质上是知行合一的。思想学说与生活实践融成一片。中国哲学人研究宇宙人生的大问题,常从生活实践出发,以反省自己的身心实践为入手处;最后又归于实践,将理论在实践上加以验证";又,"中国哲人探求真理,目的乃在于生活之迁善,而务要表见于生活中"。①

孔子所言之"巧言令色,鲜矣仁!""先行其言而后从之";"君子欲讷于言而敏于行";"始吾于人也,听其言而信其行;今吾于人也,听其言而观其行"等,或从正面,或从反面,但都意在表达生命体所应遵循的知行合一的道德律令。从孔子起就把能否言行一致视为在道德上划分君子与小人的一个标准,"君子耻其言而过其行"。孟子讲"良知""良能",虽"恻隐之心"为先天所固有,但如成为道德的仁、义、礼、智,则须"扩而充之",即通过道德实践方可达到。荀子强调"行"为"知"的目的,但同时也承认"知"对"行"有指导作用,作为圣人必须"知行合一"。至宋儒程颐虽主张"知先行后",但在道德修养方面则认为"知而不能行,只是未真知"。所以黄宗羲说:"伊川先生已有知行合一之言。"由此,中国传统哲学中的重要哲学家在道德修养问题上,大都持"知行合一"之说。

第二节 武术的政治、军事功能

人类社会在强者生存的时代,娴熟的使用武器或掌握搏斗的技巧在某种程度上成为生存的必要条件。在人类的发展史上,政治与军事斗争总是如影相随。因此,在探讨武术的政治、军事功能时,需要把二者结合起来研究。"兵者,国之大事",在我国历朝历代,作为军事格斗术的武术一直是富国强兵的重要一环。原始社会末期至夏商周时期,萌芽状态的

---

① 张岱年.中国哲学史大纲[M].北京:中国社会科学出版社,1982:18-19.

武术不仅是人们征服自然的手段,也是部落训练其成员及与其他部落争斗的手段。到了奴隶、封建社会,随着私有制的产生,社会财富与社会权利在少数人手中积聚,导致了不同利益的冲突,冲突的结果就必须诉诸武力来解决。因此,身在高位的统治阶级为了巩固自己的政治特权,维护其阶级利益,即为了达到一定的政治目的,一向都非常重视军事武术的发展。战国时期商鞅的《商君书》记载:"民勇者,战胜,民不勇者战败";屈原《九歌·国殇》记载:"带长剑兮携秦弓,首身离兮心不惩。"这反映了武力的作用以及对尚武的推崇。在谈到武术的政治、军事功能时,值得一提的是唐武举制的设立,其对武术后来的传播和发展有着不可估量的作用。武举制开创了以武入仕的先河,给习武之人开辟了一扇晋升之门。人们可以通过练好武术来加官晋爵,这可以吸引更多的人加入习武行列,扩大了武术传播对象,并在广大民间形成了习武的社会风气。同时,武举制把武术和习武之人的地位提高到了一个新的高度,它同中国古代"重文轻武"的社会环境形成了鲜明的对比,打破了这种风气一边倒的局面。武举制从内容到形式都对武术进行了规范,更有利于其传播与交流。由于武举制为处于生活底层的人士提供了一个向上流动、晋职升官、改变命运的机会,这样就能有效遏制因社会机遇流动不公所造成的社会越轨行为和社会动乱,既能让许多武艺高强的武林人士为国效力,又维护了社会的稳定,极大地促进了武术的传播和发展。

在现代新农村建设中武术更是发挥着很大的作用。中共中央、国务院在《关于推进社会主义新农村建设的若干意见》中提出,要"构建农村公共文化服务体系。推动实施农民体育健身工程。积极开展多种形式的群众喜闻乐见、寓教于乐的文体活动,保护和发展有地方和民族特色的优秀传统文化,创新农村文化生活的载体和手段,引导文化工作者深入乡村,满足农民群众多层次、多方面的精神文化需求"。他的具体发展目标是生产发展、生活宽裕、乡风文明、村容整洁、管理民主等方面的要求。就是让农村要在文化、经济等方面得到很大的提升,使城乡一体达到小康社会,体现一种和谐发展的理念。民间武术是以村落为基础在一定的地域内,在长期的生产和生活中,在政治、经济与文化的长期影响和渗透之下,凝结而成的一种技艺,具有浓郁的民族文化特性,防身、健身、修性等多功能。中国武术文化讲的是内外兼修,道法自然,天人合一的哲学思想。民间武术文化"视人体身心和谐为真,人际和谐为善,天人和谐为美",和谐是民间武术文化发展的根基。民间武术具有促进农民身心健康,促进农村文化建设,形成健康文明的生活方式。这些是构建和谐社会的需要,是建设社会主义新农村的重要元素。

第三节 武术的教育功能

武术是中华民族优秀的传统文化,深深扎根于中华传统文化中,与中国传统的哲学、医学、宗教、民俗、文学、伦理、杂技等互相渗透、互相影响。中华文化赋予了武术重德重礼、尽忠尽孝的特点。武术作为一种传统文化渗透到社会各个领域,促进了人的现代化发展。

一、培育人良好的道德

传统武术基本上都是经历了历代的磨炼之后遗留下来的技艺,在传承的过程中实行"家传制",只能传给本族有血缘关系的后辈,父传子,子传孙,族内秘传,传内不传外,而且在这种宗族意识中还存在着"传男不传女"的现象。即使在师徒传承中也模拟宗族这种社会关系,师徒传承双方是模拟血缘关系的"师父"与"徒儿",这种师父视徒为"儿",徒弟视师为"父",体现出一种模拟的家庭结构,"师徒如父子"。师父在收徒的过程中要进行情志的磨炼、道德的规约,通过观察和考验,没有一年三载轻易不能收徒。谦虚礼让,宽厚待人,诚信至上,孝敬父母,尊敬师长,助人为乐等精神都是传统美德中的礼节要求,也是习武之人的养身之道。特别是尊师重道一直印在每位习武者的心中。在中国传统文化熏陶下的武术,对习武者的伦理、道德要求很高,"未习武先习德",将道德放在一个非常重要的地位。长期习练武术可以将伦理道德内化为人的自觉意识,重义轻利,见义勇为,讲求诚信也是武林前辈的一贯教育传统。古代尚武之士崇尚"义"和"勇",是为了百姓利益,打击的是有损国家和百姓利益的小人、恶人。这种伸张正义,以国家和百姓利益为重的美德,是历代大多数习武人士所奉行的人生价值准则。武术所具有的这种民族风格,注重内外双修,德艺兼备,成为启迪人生的入世之学,是中国传统道德文化的缩影,它必将成为当代学校进行思想品德教育的最佳手段和有效方法。

武术教育思想的践行利于促进学生知行合一。当前学生中知行分离现象依旧较严重，比如学生在学校学习到的道德品行知识，考试中可能拿高分数，但是在生活中，也存在做出道德败坏之事的可能。在武术教育中，对学生感恩重道意识的培育和强化，要将武德融入进学生的日常训练中。宽泛来说，一拳一脚一礼皆是道，武术教育思想就是要强化学生的学与思、知与行的统合，使其在学习中，懂礼知仪、深入探究；在生活中，践行武德，练武不辍，从而将武道熔铸于心。

二、培育和谐意识

中国古代文明发展以个体农业经济为基础、以宗法家庭为背景，以儒家思想为核心的文化个性。日出而作、日落而息的劳动方式逐渐使一个民族在企盼风调雨顺的同时，培养起勤勉、刻苦、富于耐性、做事坚韧不拔、讲和谐、喜安定的民族性格。中国古老的哲学不仅强调人与自然的和谐统一，而且强调个人与集体（社会）的协调统一，还要求个人内外协调统一，强调个人阴阳平衡。中华武术受中国传统文化"道法自然""天人合一"哲学思想的影响，强调人与自然的和谐，不仅效仿自然规律，还仿效自然之物，把其形象、动作融入武术的一招一式中，如八段锦、五禽戏、少林五拳、形意十二形等。这种对自然规律以及自然之物从形式到内容等全方位的仿效，是返璞归真的和谐现象，是"天人合一"思想在武术运动中的体现，是追求人与自然和谐之体现。武术视人体为和谐统一的大系统，强调身心协调、形神统一。如太极拳运动舒展大方、缓慢柔和、刚柔相济，是一种优秀的健身项目，它强调精神与形体双重修炼，练习原则要求"意念引导动作""意念、呼吸与动作相协调""以心行气、以气运身"，在紧张的现代生活中，长期练习可以导引气血运转，达到强内壮外的功效。武术中的"尊师重道""重义轻利""尚武崇德"等都充分体现出人与人之间重仁义、重宽容的和谐精神。

三、促进师道文化

师道文化即人们基于社会师道现实形成的基本观念。中国自古就

第七章 武术及陇南武术文化的社会功能

形成了丰富的师道文化,例如师道尊严,强调教师的地位和作用,并极其重视培养道德高尚、学问渊博的合格教师。但是中国现当代的师道文化氛围大不如前,究其原因,主要在于现代教师的地位下降、教师本身的职业素养缺乏及学生尊师意识的淡化。教育和教师是国家长远发展的根本大计,所以师道文化的发展是重要的一环。尊师重道是中华民族的传统美德。尊师重道是指尊敬师长、重视老师的教导。中国教师节的确立正是"尊师重道"的具体表现。明代的戚继光曾把能否确立"师道"看成是习武者能否有得的一大条件,他说:"敬习之道,先重师礼。古云:师道立而善人多……师道不立,则言不信,教之不遵,学之不习,习而不悦,师道废而教无成矣。"为此,武术拳种在行为或观念上都强调师道尊严,并制定了各家简繁不一的许多门规戒约。师道尊严并不必然意味着教师有侵犯学生的权利,但是不能尊师重道,却又何谈教书育人。学校武术教育无疑对学生"尊师重道"美德的培养有其独特作用。在学校武术教育中,通过师生问候、递接器械、辅助练习和考核渠道等,使学生形成德礼意识和相应规范,做到动则功夫到家,行则彬彬有礼。在武术礼仪的熏陶下,武德观念得以渗透,为学生尊师重道思想品质的养成打下坚实的基础。道德自律和法律他律、"软约束"和"硬约束"是辩证互动、相辅相成的。中华武德在现代社会中的价值主要集中在弘扬民族道德规范,以其独特的社会控制功能弥补法制社会应控制的空缺和不足。具体的武德要求对于习武人群是一种潜移默化的多重控制,长期的积累有效地提高了这类人群的道德水准。通过这类人群的意识和行为表现,具体、形象、生动地对社会其他成员产生辐射影响,带动更多的人群抵制社会上的不良风气和流俗,树立正气,弘扬民族道德,自觉遵纪守法。目前许多学生出现的各种情况不容忽视,诸如:打架斗殴、欺凌弱小、道德缺失、违法犯罪等。对于学校武术教育来说,它是致力于培养人的,正因为人的良莠不齐,才需要对其进行教育,使其"择其善者而从之,其不善者而改之"。习武者在武术实践中对武术规则、法律的遵守是道德他律,而要达到道德自律,则需要对学生进行武德、武礼教育。因为,武术既是用"武"之术,又是修身养性之术,尚武与崇德是统一的,修身与养性也是不可分割的。用"武"与修身养性都离不开武德、武礼。武术规则、社会法律与武德、武礼相得益彰,共同维护社会的稳定与和谐。

第四节　武术的美学价值

武术在特征上具有动作美、姿态美、劲力美、技击美、节奏美等。这些特征具有"看"的价值，"看"是指它的观赏价值，具有观赏价值的东西一般含有一定的表演艺术性。通过优美的造型、强烈的动感、均衡的势态、恰当的节奏、和谐的韵律、深蕴的意境，给人以美的享受，并引以为乐。人们追求娱乐，就会寻求一些素材，像咏诗、歌唱、绘画、武舞都是古人追求欢乐的重要途径和方法。

与武术最为密切相关的"武舞"，是一种表演形式的活动。《左传·成公十三年》记载："国之大事，在祀与戎，祀有执幡，戎有受脉。"有"祀"则"舞"；而有"戎"则"武"。"舞"与"武"的融合构成武术套路的雏形。通过大型的"武舞"活动，达到强身健体"行列得正，进退得齐"的境地。据《韩非子·五蠹》记载："修教三年，执干戚舞，有苗氏乃服。"意思是大禹曾率兵苦练三年，以高超的套路表演征服了苗氏。古代在祀神祭祖时或在战争获胜时都举行武舞，以表达人们真诚、喜悦、欢快之情。"大武舞"就是周武王为庆祝灭纣成功而作，"周武王伐纣之乐"。以"武舞"助兴在古籍中常有记载。《史记·项羽本纪》中的"君王与沛公饮，军中无以为乐，请以剑舞"。这说明剑舞以用于在宴会间的助兴。可见"武舞"不仅在军事中作为士兵技能的操练，也是一种欣赏艺术。

一、姿势美

姿态、架势、功架、造型都属于姿势美的范畴。拳术表演时动作的舒展，灵活多变、蹿蹦跳跃、闪展腾挪和起伏转折等。武术拳种丰富多彩，各具特色，姿势迥异。蔡宝忠总结如下：

少林古朴紧凑、硬攻直打、勇猛刚健。
内家主于击敌、以静制动、应手即仆。
南拳发劲脆短、以声催力、拳势猛烈。

第七章 武术及陇南武术文化的社会功能

截拳突出腿法、走玉环步、发鸳鸯腿。
太极柔里寓刚、舒松自然、连绵不断。
形意动静相间、劲力沉实、含威不露。
八卦曲折走转、起钻落翻、相摩相荡。
通臂甩膀抖腕、放长击远、冷弹柔劲。
翻子一步三拳、拳法如雨、脆快如鞭。
象形仿形为艺、借形显艺、形神兼备。[1]

武术在套路的演练中的造型可分为动与静,它可以是一个完整动作的静止形象,也可以是动作过程中人的整体运动形态,同时还包括腾空瞬间的造型,动作与动作的组合形态和整套动作的结构形态。在起势和收势可以看作是静态的姿势,如"金鸡独立、白鹤亮翅、提膝亮掌"等,这是在相对静止下的造型。如"旋飞脚接劈叉"则突出了机敏灵活、威猛矫健的神采。武术不仅注重武术套路的形似,而且注重似形或曰肖形,这种似形、肖形的武术审美原则主要表现在象形拳的审美活动中,如螳螂拳、猴拳、蛇拳、鹰拳、醉拳等。象形拳都是取飞禽走兽的形象、动作、攻防意蕴或模仿某种特定人物的动作形态,融入拳术的技式之中。

二、劲力美

劲法、力度等属于劲力美的范畴。劲法是武术中各种运用劲力的方法和技巧的总称。按照劲法的基本运动形式,可分为蓄劲、发劲;按照劲力的强度,可分为直劲、横劲、竖劲、斜劲、圆劲。无论什么劲力,都是从"发劲"和招式着眼的。如长拳中讲"劲力顺达",富于"寸劲"。而处于含蓄,要求"起于腿、发于腰、催于肘、达于手",协调顺畅,力点清晰。许多拳种讲究发劲刚猛而纯透,有力而不僵。如南拳的特点是步稳势猛,套路中多短拳,擅标手,上肢功夫尤为突出,动作刚健有力,很能表现演练者的力量素质,富有一种"阳刚之美"。而通背拳,以及部分象形拳除了具备外形生动逼真以外,其发力体现在冷弹劲、鞭打劲、伸缩劲等,以灵动的变化捕捉击打的目标。又如别有一番情趣的太极推手,它

---

[1] 蔡宝忠.武术与文化——中国武术文化基因的构成[M].太原:山西科学技术出版社,2015:128.

是一种柔中寓刚、绵里藏针的双人对抗,被人称为"画圈子"运动。它是以掤、捋、挤、按、采、挒、肘、靠等方法,双方粘黏连随,通过肌肉的感觉来判断对方的用劲,其中缠丝劲、螺旋劲、崩撼劲等经常使用,并借劲发力而将对方推出达到失去平衡或倒地的目的,以决胜负。按照著名美学专家朱光潜所说的"移情作用",就会在推手时出现"筋肉感"。太极拳名家中所表现的劲力常会使人们产生此感。

三、节奏美

节奏美,即武术运动中有规律地反复、连续,以及动作和形态转换所产生的美感。快慢、高低、刚柔、动静、虚实、轻重、开合、转折等对立统一的变化都属于节奏美的范畴。只有对立,才能产生节奏;只有统一,才能体现完整。武术节奏鲜明,富于变化,很早拳师们就总结出了"十二型"的变化规律,即动如涛、静如岳、起如猿、落如鹊、站如松、立如鸡、转如轮、折如弓、轻如叶、重如铁、快如风、缓如鹰。我们可以通过实例加以分析:如"旋风脚接跌劈叉"这个组合动作,就是典型的反映高与低的时空变化。那腾空纵起的一瞬间,似若龙卷风直冲云天,在空中快速完成旋转击拍以后,紧接着低姿势造型,犹如矫健的雄鹰俯冲而下。这种瞬息之间的时空变化,充分展示了一种美的韵律。在快与慢的变化中,快者犹如海浪那样激荡,滔滔不绝,使人精神为之振奋;慢者动作犹如微风细雨,缠意绵绵,又如山洞涓涓溪水,潺潺缓流,把人带进大自然那秀美如画的田间风光之中。要掌握动静、起落、快慢、轻重、高低、刚柔的分寸,要形成互为补充、互为衬托的辩证统一。这种统一的结果,便是表现出鲜明的节奏感与节奏美。

武术技法要求:"轻似随风絮,重若千钧铁。""震脚""拍地""砸拳"等动作能使运动过程的轻、重之分明朗化,充分体现了轻、重的对比关系,鲜明地突出"重"的因素,在短暂的停滞后,如同打开闸门奔泻而出的洪流一样,很快就促成运动状态和节奏的转折变化。譬如"抡臂砸拳"接"弧形步"就属于"先沉重后轻快"一类的节奏变化,而"跃步抡臂仆步双拍掌"的"跃步"则要求既轻又远,成仆步后,双掌由上向下拍击地面要有"泰山压顶"之势,则是一种"先轻后重"的节奏变化。高高打起的旋子给人以叶子随风飘逸的感觉,而紧接着做的"上步拍脚",击拍响亮有力,在视、听两方面都给人留下"重"的深刻印象。套路里由于各种

第七章　武术及陇南武术文化的社会功能

动作的先后衔接,其中不乏轻、重,或是重、轻之对比。轻重相间,构成了此起彼伏、铿锵有力的运动节奏。

　　武术的节奏美还表现在动与静的变化上。武术套路千姿百态、绚丽多彩,对"动"与"静"都有具体形象的要求。查拳强调"行如风,站如鼎";华拳讲究"动如奔獭,静如潜鱼";太极拳要求"静如山岳,动若江河""一动无一不动,一静无一不静";就连一气呵成的翻子拳,也有"行如风雷动似雨,坐似泰岳静如山"之说。这些都显示出了一条基本道理,那就是"动要迅速,静要稳定"。"动速静定"还深刻反映在武术各种技术特点之中。武术手、眼、身法、步都要求"快",拳谚说:"眼疾手快""出手似闪电","拧腰顺肩急旋臂"等都具体反映出"快"的特点。身法上也讲究"眼一转,周身动","腰活一闪过,制敌有把握",任何迟疑都有悖"动"的原则,要么不动,一动无不动,迅如惊雷。腿、步也离不开"迅速"二字,"起腿能生风""收腿快如风"是讲腿的"动速";脚步更为重要,拳理中常说"身随步换,步到身随"。总之,闪展腾挪全在脚下功夫,手眼变化有赖步法迅疾快速。武术动作不光要快,而且要稳,但凡两足桩功都有"稳如铁塔坐如山"的要求,"步子站,好比山",正是这个意思。只有"稳"了,才能做到"静定",才能在活动性动作向静止性动作过渡的一瞬间,由激烈运动转变为纹丝不动的定势。

　　再从套拳的表现来看,除了具备鲜明的节奏外,还必须符合它的完整性和技击性。如蛇拳,以蛇的"曲仰自如之态,左顾右盼之意"等动态特点创编而成。从青蛇惊醒、出洞、游行、觅食到"神蛇练月""风蛇绕树""玄蛇磐石""腾蛇起舞""白蛇吐信"等,数十个动作一气呵成,其刚柔相济、快慢有别、动静兼顾,再加上蛇拳的手法、拳法,配合各种步型、掌型以及富有表现力的眼神,其演练形象逼真,引人入胜。

四、精神美

　　形神统一是武术演练者精神境界与风度气质的体现,形聚而神生,武术中的踢、打、摔、拿无不与"神"相配合,神随形转,形动意动,意含而不露,使武术演练协调而有生气。"神"也是武术演练者对动作理解的情感表现,既不能怒目圆睁,龇牙咧嘴,也不能微笑作态,强锁眉头。要想有合适的精神表现,就要对武术动作的攻防内涵有所理解,认识到武术套路演练作为技击艺术,应在"击"与"情"上下功夫。武术运动中的精神美主要通过头部位置与面部肌肉变化展现。教学中要对大学生武术精神美进行特殊训练,尤其是眼睛,人们常说"眼睛是心灵的窗户",武术运动中眼随手动,目随势注,眼神时而深远,时而淡定,通过眼睛内在的灵动反映出武术内在的韵势。

眼神变化。第一步要求:"眼随手动,神聚于眼。"长拳技法要求达到"拳如流星,眼似电",表明拳法敏捷快速,眼法机智敏锐,并从敏锐的目光中彰显灵动的神态。形意拳有"心要正,眼要精,手足齐到定要赢";八卦掌的"心是帅,眼为锋",强调的都是手动眼随,手眼配合协调一致。第二步要求:"心动形随,眼随势变。"除了眼随手动以外,还应该随着动作和势式的变化而变化,所谓"左顾右盼、上瞻下视、前观后眸、远眺近睽、正睹旁睐"等眼法都是从实战中总结出来的。"眼观六路"就体现了眼法的多变性。第三步要求:"目随势注,神传于眼。"主要是指静止性动作其延伸向前凝视的状态,目光中显现出"伺机而动"、静中含动的意向。"用志不分乃凝于神",体现的是"注目"和"凝视"。武术在套路的演练中达到情景交融、情技交融、神形交融。著名武术大师龙云认为:好的套路演练时要将自己"置于一个战斗的场合",才会气韵生动,气势如虹,气质贯一,表现一种英武不屈、坚韧不拔的斗志和气概,再现战斗的艺术意境,既是恢宏的,又是蕴藉的,既是飞动的,又是沉实的。

第五节 武术的健身功能

原始社会,人类为了保护自己与获得食物逐渐掌握一些搏斗技能,后来,阶级社会统治者为了巩固政权,通过武术训练提升战斗技能,再后来,武术从军事转入民间成为体育项目,随着几千年来传统武术不断地发展变化,传统武术的健身功能突显出来,民间百姓练习武术已不再是为了搏斗,而是通过练习达到强身健体的目的。武术运动对个体内在修炼也具有十分重要的作用。所以,参与武术锻炼,不仅能够达到强身健体、舒筋活血的目的,同时,对于提升个体精神面貌状态具有十分显著的作用。武术运动强调精气神合一,通过意念和呼吸的调整,来实现对肌体内外环境的平衡,从而达到优化人体机能和休养生息的目的。武

第七章　武术及陇南武术文化的社会功能

术所具备的这些功能是其他体育运动活动所无法具备的。

武术作为辅助军事训练的一项基本内容,在强身健体,增加身体素质方面发挥着自己的功能作用。太极拳、五禽戏、八段锦、易筋经等作为传统养生功法练习的手段日益受到人们的青睐。在传统武术几千年的发展过程中,融合了我国传统医学、养生学的思想,追求"天人合一、动静结合、身心和谐"。中国古人认为气是生命的本质,就人来说,生命取决于气,保气、养气、调气是养生和治病的根本要求。比如:以八段锦为例,在习练八段锦的动作时要求调气、调息、调神,讲究天人合一、身心和谐的内在修炼的健康观。太极拳讲究用意不用力,通过意识作用调整呼吸,使呼吸变得缓、匀、深、长,最终达到疏通经络、调和气血阴阳、保健强身、延年益寿、防病祛病的目的。武术在习练之时,要求身体各个部位的协同配合,如做屈伸、回环、平衡、跳跃、翻腾、跌扑等动作,都要注意手足、肩胯、肘膝的密切配合,系统地进行武术训练,对人体速度、力量、灵巧、耐力、柔韧等身体素质要求较高,人体各部位"一动无有不动",几乎都参加活动,使人的身心都得到全面锻炼。实践证明,对外能利关节,强筋骨,壮体魄,对内能理脏腑,通经脉,调精神。武术运动讲究调息运气和意念活动,对调节内环境的平衡,调气养血,改善人体机能,强身健体十分有用,在现在脑力劳动占比较大的社会中,武术这种身心俱练的健身形式,对现代文明病的预防与治疗效果是很显著的。在现代社会,随着人们生活水平的不断提高,人们也越来越重视传统武术的养生功能。

一、武术健身的机理

(一)运动系统

人体的骨骼和肌肉随着运动锻炼不断得到改善,骨骼更加强健坚固,肌肉更发达健壮,可以达到预防减轻损伤的作用。众所周知,在生活中随时都有可能发生意外造成损伤,特别是骨骼、关节和肌肉损伤,相对不参加锻炼的人来说,经常锻炼的人受到的伤害要小很多,也易于恢复。锻炼使得筋强骨壮,人体的关节肌肉保护层较厚较结实,骨骼粗壮,本身不宜损伤;肌肉收缩舒张力量变大,扩大了活动范围,减少了运动损伤。

武术作为传统的体育运动项目,不像球类运动和其他运动那样锻炼的部位单一,且难度较大和多方面受限制,它简单易学,适用性广泛,整个套路或是格斗对抗都充分动用了全身各个关节肌肉,使得动作协调流畅。武术不论是对儿童青少年、成年人,还是老年人都适宜,根据不同人群的骨骼肌肉运动系统的差异都可以选择出适合自己的动作。

(二)神经系统

中医讲究经络学说,而传统的武术正是先祖在无数的发展中融合中医学的养生知识。特别是借鉴传统养生导引术的内功功法,更是武术与中医的结合。医学上讲"痛则不通,通则不痛",就是指要疏通经络,才能消除疾病。武术中的动作有踢、打、摔、拿等动作,通过这些动作可以活动筋骨,刺激经络和穴位,达到身体通畅的作用。同时武术灵活多变,武术强调其意与气合、气与力合、手与脚合、肩与胯合、肘与膝合,要求身体的协调配合,经常练习可以提高神经系统的灵活性,改善神经系统的控制力。还有调节神经系统兴奋性,平衡精神心理状态。

(三)心血管系统

锻炼可以使人的心脏功能增强,心肌收缩有力,促进血液循环。武术动作动静结合,特别是传统的拳术套路和养生功法,如:八卦掌、形意拳、太极拳、八段锦等,用劲若春蚕吐丝,却绵绵不断,有缓有疾,时而柔和,时而刚劲,易于加强血管的韧性和弹性,增强血管稳定性。

(四)呼吸系统和免疫系统

武术锻炼形式各异,强度和难度也各不相同,通过不同强度的练习可以锻炼心肺功能,增强呼吸肌,增强胸腔的变化幅度,提高呼吸质量,使呼吸与动作节奏结合,增强体力。讲究精、气、神,通常为了达到动作的最佳效果会有提气、憋气、沉气等,对呼吸系统起很大的锻炼作用。当然参加锻炼也是可以巩固免疫系统的,尤其是淋巴系统,帮助抵抗疾病。

二、武术的健身特点

(一)传统精髓,易于接受

武术是我国传统文化的瑰宝,在早期的时候武术还未能形成体系,只是用于军事技术中,再到唐宋至明清武术经历了一个逐渐成熟的过程,到明清时才演变出了套路、内功、流派,形成了融合健身、技击、表演的民间武术体系。

武术起源于民间,且繁荣在民间,群众基础好,贴近生活,简单易行,特别是养生功法和太极拳更不受年龄场地限制。再者,中国人特有的爱国和民族情结,更是促进了人们选择武术。

(二)表演艺术性强,寓健身于娱乐

武术是一种极具表演性的体育项目,套路、器械、对练、格斗有很大的观赏性,且现在的表演服装更是绚丽多彩,夺人眼球。加上古代武侠传说和电视特技的渲染,就让人们更向往学习和练习武术,探究其中奥秘。依靠兴趣支撑的练习会保持得更久,而且达到身体力行、沉醉在物我两忘的境界。

(三)内容丰富,老少皆宜

武术的动作丰富,形式多样,无论老少、男女,不论做何种工作,体质如何,都可以在其中找到适合自己练习的动作和项目。有适合有基础的练习者的竞技套路和传统套路;有适合无基础的练习者的简单组合动作和拳操;有适合青少年的竞技套路和武术功法,如:长拳、南拳、剑术等竞技项目和少林拳等传统拳术,以及散打;有适合中年、老年练习的太极拳、八卦掌、形意拳等内容。

第六节 陇南武术的经济功能

社会的动乱使更多的武术人士从事镖师和保镖职业,各种人士为了自保学习武术技能。随之而来的是大批武馆的出现,近代武术史上武林各派云集,出现了不少著名武师。武馆的出现为社会的繁荣带来了一定的经济效益,传统武术的经济功能在此时期呈现出高涨的态势,使这一功能得到进一步发展。

如今现代武术已发展为一项产业,早在1985年国务院就批准了国家统计局的《关于建立第三产业的统计报告》,将体育正式列入第三产业,作为体育项目的武术其产业性质也同样得到确认。这一时期是武术文化产业的初始期,武术影视推动武术文化产业的发展。1982年,由李连杰主演的《少林寺》影片,以高超的摄影技巧和精湛的武功表演,吸引人们的眼球,并引发了"武术热",以此带动了嵩山少林寺武僧团的成立,当地武术学校悄然兴起。首批香港功夫片涌入内地影视市场,如《大侠霍元甲》《陈真》《射雕英雄传》和《神雕侠侣》等,进一步掀起了"功夫热",并带动了周边武术服饰、器械和餐饮等武术文化产业及服务业的发展。"武术搭台,经贸唱戏"不断上演,1991年湖北举办了"武当武术文化节",在四天内仅经贸活动成交额就达到7亿多元人民币;1992年首届温县国际太极拳大会,外商为该县投资达10亿元人民币,温县政府将武术与"粮、滩、药、鞋"并列为五大优势之一进行开发,列入了温县经济发展纲要。可见,武术文化为当地经济建设注入了活力。武术教育、培训、竞赛、演出及相关的服务业、制造业的发展给武术文化产业的发展提供了广大空间。以塔沟少林武术学校、莱州中华武术学校为龙头的全国武术馆校多达12 000余所,比全国所有业余体校的总数还要多上几倍甚至十几倍,产值达20个亿。以嵩山少林寺为龙头的武术与禅宗合一的特色旅游构成地方品牌《禅宗少林·音乐大典》,有效拉动了当地旅游业、制造业、服务业和餐饮业的发展。紧随其后的河南温县的陈家沟、四川的峨眉山、山东的梁山、广东的顺德、福建的南少林寺等先后利用当地自然景观和人文资源,大力发展旅游业,让人民在游玩中获得武术文化熏陶,并推动武术产业的发展。

  体验经济视觉下的武术文化。体验经济的概念起源于20世纪70年代。最早由美国学者阿尔文·托夫勒(Alvin Toffler)首先提出并逐步发展起来的。他提出了"体验工业"的基本概念,并指出"消费者的压力和经济增长的预期将推动社会走向未来体验生产",体验经济将成为继服务经济后新的经济趋势,并将引领经济的发展。体验经济是一种以提供商品为工具,以服务为平台,不断满足消费者身心需求的经济模式,是新一轮的经济发展浪潮。体验经济的产生是社会生产力的发展、居民收入的提高、需求层次的上升、消费心理的改变等综合因素作用的结果。以生产者为满足消费者的感官体验和心理体验作为首要目的而提供产品和服务。在我国体验经济时代即将到来的背景下,挖掘各地特有旅游资源,突显历史文化特色,重点塑造特色体育旅游品牌,加大品

第七章　武术及陇南武术文化的社会功能

牌宣传规模,积极推进武术文化与当地休闲旅游相结合,提升游客的参与体验。武术文化具有很重要的特征就是给人多元化的体验,娱乐的体验,追求愉悦的体验、感官的体验,还有心理的体验、审美体验、学习的体验等。

一、武术表演与经济

武术表演是以武术内容为表演素材,融各种艺术表现形式于一体,在某一特定的场域内进行的有情节和无情节的武艺展示。武术表演与其他艺术不同,它是非语义性文化现象,是一种以视觉艺术为主要内容的审美教育形式。通过表演动作的节奏性、韵律性、形象性等引起人们与之产生共鸣,让人在潜移默化、寓教于乐、以情动人中受到教育,受到鼓舞和启迪,受到真、善、美的熏陶和感染。武术表演的肢体动作、结构编排、节奏韵律与灯光、音响和服装等效果相互辉映产生综合效应,充斥着美不胜收的视觉感应,让人回味无穷以致表象浮现,推动感性认识能力提升;武术表演诗意般的意境,诱人综合表象由表及里地探索体味中国武术的本质和武术技术所蕴含的思维与逻辑,无意识地致使知性认识能力进阶;武术表演受中华民族传统文化经久的熏陶,投足举手中散发着传统文化的气息,让人流连忘返,下意识地通过其表象和本质品味武术内蓄的传统文化、内在的本质属性和蕴含的哲理,不知不觉中理性认识得以晋升,催化人的认知能力增长,让人的认识产生质的飞跃。

武术表演与经济合体并非当下之事,早在古时已结"连理",如古代的巫师、射师和路岐人等武术表演从业群体,以自身武术技能维系营生所带来抑或创造的经济利益,均是两者二维重叠的力证。再如,北魏道武帝造"五兵角抵"(《魏书·乐志》)、北周宣帝"广召杂伎,增修百戏"(《隋书》)和宋代勾栏瓦舍的兴盛等御诏政令和社会现象,也都在为武术表演与经济互为融摄筑巢建屋。上述无论是"增修百戏"、缔造"五兵角抵",还是兴建勾栏瓦舍,无一不是武术表演与经济交融的真实写照,映射武术表演日常化和生活化。环境造势为宫廷、军队、民间的专职武术表演艺人开辟了谋生的蹊径,催生了早期武术表演经济产业链的形成。社会环境变迁让武术技击价值日渐淡化,转而促成武术表演不断升温。

今天随着社会经济快速发展,人们生活水平不断提高,审美体验与精神愉悦已成为当下人们休闲娱乐活动中的高级诉求。为调适受众的"口味",使其能品味到浓厚的传统文化,满足日渐增长的精神与情感需求,武术表演在继承传统的基础上融入了各种元素,以千姿百态的态势影响着人们的方方面面。由此扩大了现今武术表演经济产业链的附带范围。大到除夕之夜迎新春综艺文化盛宴和不同规模、不同层次的盛大开幕,小到节日、赶集、庙会和文艺活动,常有武术表演艺术团体、武术爱好者逢场作戏,以示助兴、娱乐、学习和交流。特别是将武术作为产业,打造成表演项目,依据武术舞台表演的主题、情节内容、人物塑造和演出效果的要求,引用多种不同的艺术造型手法,以便营造出独特的舞台氛围。可利用的经典轶事,通过各种手段和形式展示武术表演作品。

开展具有特色的节庆体育赛事,发挥体育赛事的综合效应,通过打造特色体育赛事,把武术体育赛事作为产业,使旅游产品多元化,节庆体育逐步融合发展过渡到独具特色的体育节中。多元旅游产品既满足旅游者节庆体育的观赏也满足游客参与趣味性的传统体育比赛项目,如民间武术项目比赛、单项器械比赛等。重点打造节庆体育文化节和节庆演艺艺术节,丰富多元旅游产品。

陇南地区位于甘肃省东南边陲,是甘肃唯一的长江流域地区,东连陕西,南接四川,北靠天水,西连甘南,为甘肃南下东出之要冲。陇南地处中国大陆二级阶梯向三级阶梯的过渡地带,位于秦巴山区、青藏高原、黄土高原三大地形交汇区域,西部向青藏高原北侧边缘过渡,北部向陇中黄土高原过渡,东部与西秦岭和汉中盆地连接,南部向四川盆地过渡,整个地形西北高东南低。陇南旅游资源独特,不光山奇水秀,文化灿烂,而且历史悠久。《史记》记载,华夏人文始祖伏羲"生于仇池,长于成纪",仇池就是现在陇南的西和县,至今伏羲崖还耸立在仇池山上;陇南是中国历史上第一个封建帝国秦王朝的发祥地,秦始皇先祖在礼县繁衍生息数百年才奠定了雄立关中、定鼎中原、统一六国的千秋基业。比较著名的人文景观有礼县先秦文化遗址、祁山三国古战场、西和仇池国遗址、阴平三国古栈道。这些古代军事与战场为陇南的广袤大地留下许多的武术资源,独特的地理位置还造就了文化的多元特色。既有古代氐、羌、藏等民族文化与汉文化的大融合,又有秦陇文化与巴蜀文化的大交汇,其独特的民俗风情使陇南具有独具特色的人文和自然景观。这些逸闻趣事可以说是武术作为表演的丰富资源。20世纪80年代武术表演产业化初始期,1982年,由李连杰主演的《少林寺》影片,以高超

第七章　武术及陇南武术文化的社会功能

的摄影技巧和精湛的武艺,吸引了人们的眼球并轰动全球,即刻引发了"武术热",以此带动了嵩山少林寺武僧团的成立,当地武术学校悄然兴起,吸引了更多的学员前来学习少林武术,并带动了周边武术服饰、器械和餐饮等服务业的发展,使得嵩山周边取得了非常可观的经济效益。

二、陇南武术推动旅游产业的发展

不同产业进行融合发展,无非就是为了创造更大的经济价值,相互间协同发展,达到共赢,将武术文化与旅游业深度融合,成为重要旅游产品资源。全新的旅游模式已经取代了传统的走马观花式的旅游方式,人们追求的是体验导向式的旅游模式,而武术文化产业亦是以体验导向为主要形式的产业,二者不谋而合,为二者的融合奠定了基础。随着人们生活质量的提高,对旅游产品也有了新的要求,旅游产业急需转型升级,旅游产品急需更新换代。武术文化的融入丰富了旅游产品的内容,提升了旅游的品质,使得旅游的内涵和形式得到了升华。随着现代经济的发展人们追求休闲、健身、养生等生活方式,体育健身旅游在一定程度上满足了人们的这些愿望,武术在千百年的发展过程中吸收了传统的文化营养成分,不仅具有体育的属性,更具有传统文化的内涵。武术与一般的体育运动不同,它具有娱乐观赏性,通过肢体运动与动作节奏的变化及身体协调产生艺术性的效果,向游客展示良好的视觉效果。如汉代就有汉武帝元封三年春"作角抵戏,三百里内皆观"的记载,可谓一时之盛。又如唐代杜甫在《观公孙大娘弟子舞剑器行》中说:"昔有佳人公孙氏,一舞剑器动四方。观者如山色沮丧,天地为之久低昂。"现在一些传统的节日里武术的表演必不可少,如在陇南的社火表演中就有舞龙舞狮及武术的表演。把陇南武术作为资源开发,深入挖掘武术文化资源的旅游价值,传承和发扬地域武术文化的精华,突出地域武术文化特色,吸引商业活动。可以在一些景区把陇南具有地域特色的武术进行表演,还可以举办大型的武术节或武术擂台赛。建立武术表演品牌赛事,大力推进武术表演市场的建立和推广,带动陇南旅游业的发展。

（一）构建体验式的旅游资源观

在武术产品上,要从市场需求和资源上来分析产品定位,从市场上来看,现在旅游市场需求是朝着休闲、健康、度假的方向发展,特色性、个性化是未来旅游业的发展趋势。与以往相比,游客不仅仅是满足自己的视觉需求,还希望在参与中了解文化、在参与中体验和享受生活和快乐。从资源上来看,武术作为中国传统的武术项目,有着悠久的历史,不但具有很强的表演欣赏价值而且具有很强的保健养生价值,而且其在发展的过程中吸纳了中国传统哲学、中医、养生等文化知识,形成了自己独特的文化体系。旅游开发的实质就是以旅游资源为"原材料"通过一定形式的挖掘、加工和完善,以达到展示其价值,满足旅游者各种需求的目的。由此看来陇南在充分利用"山水陇南"资源的同时要充分发挥陇南厚重的历史文化、多彩多姿的民俗和悠久的革命文化,树立"大旅游"的思想,将武术文化旅游与陇南特色农业旅游结合起来,如文县、康县的茶叶,武都花椒、油橄榄,礼县的苹果等,让游客体验采摘等农家文化;积极融合民俗风情旅游资源,如白马藏族风情旅游,宕昌官鹅沟羌族风情旅游等,让游客体验、感受民俗文化;梳理陇南古文化,让游客能够感受及体验到陇南古代秦文化、三国文化;大力发展红色旅游,创建陇南红色旅游品牌,把武术文化与红色旅游融合开发,把强体与爱国主义教育结合起来,使旅游者在放松身心的同时精神得到升华。突出村落武术资源旅游的开发,在陇南如礼县、西和、宕昌等县域内有的村落武术具有地域特色,而且开展得很好,可以有典型地开发"武术村落游",让爱好武术的游客学习和交流,感受村落武术文化,这样使得陇南旅游多元性,以此促进旅游流从城市流向乡村、从发达地区流向落后地区。

(二)开发培育武术旅游精品

构建体育旅游品牌是吸引游客到此旅游的重要方式和手段,品牌具有宣传推介作用,品牌的知名度往往是事件影响力的核心,使旅游者产生旅游的冲动,是文化产业与旅游的融合形成旅游产品的手段。旅游业的发展需要有品牌营销战略观念,要有品牌效应的思想。品牌力成为现代旅游业核心竞争力,谁能打造最强势、最知名旅游品牌,谁就拥有了未来的旅游市场。具有品牌效应的思想,从而促进武术文化旅游的发展。要加强地域武术文化研究,传承和发扬地域武术文化的精华,突出地域武术文化特色,开发培育武术文化旅游精品,创地域武术文化旅游品牌。以陇南地域特色拳种为核心,打造地方武术文化旅游特色品牌。也可以与陇南历史故事相结合,可以模仿杭州宋城景区经验,大型歌舞

《宋城千古情》是杭州宋城景区的灵魂。用先进声、光、电的科技手段和舞台器械以出其不意的呈现方式演绎了良渚古人的艰辛、宋皇宫的辉煌、岳家军的惨烈,把舞、武、音乐结合起来,给游客以穿越历史的文化享受,集聚了人气,带来了颇丰的经济效益。陇南地区具有厚重的文化资源,可以把秦文化、三国古战场、宋金交战时期吴玠挥师抗金等故事演绎成大型歌舞,让武术参与展演,也是打造陇南旅游品牌的一个重要方面。

(三)构建生态+武术旅游产品

生态旅游就是以参观、欣赏自然景观和民俗风情为主要目的和游览内容的旅游消费活动。依据旅游资源类型的不同,可分为自然观光和人文观光旅游产品两个大类,每个大类下面又可以分为许多具体的产品。(1)旅游资源依托:自然资源有陇南宕昌官鹅沟、武都万象洞、成县鸡山风景区、阳坝自然风景区、文县天池森林风景区、云屏三峡风景区等。人文资源有哈达铺红军长征纪念馆、成县西峡颂、成县杜公祠、两当兵变纪念馆、甘肃秦文化博物馆等。观赏民居建筑,陇南传统民居建筑巨大的艺术容量和强烈的艺术表现力,折射出了其多个文化环境中不同群体的心态,构成了民俗文化旅游资源中一道诱人的风景。例如在康县茶马古道、文县等古四合院,白马藏族的木板房。村落的景观,包括婚俗场景景观、民族歌舞景观、民间农业生产景观等。(2)民俗文化产品。游客感受参观村落生活用品、生产工具、民族服饰、手工艺品、民间刺绣品、民间传说等。体验民俗舞蹈,如文县白马藏族傩舞"池哥昼"民俗活动(包括文县傩舞十二项、甘昼舞展演)、武都高山戏,西和乞巧文化节。在民俗节日活动中,把武术展演作为一个表演项目,不但能增强节日的氛围,也是展示陇南武术生态文化、促进旅游业发展的举措。

第七节 陇南武术构建和谐社会的作用

传统武术植根于我国农耕文化,以自足自给的小农经济为基础的社会环境中,已习惯了在和谐、宁静及相对稳定的生活方式中存在。在陇南农村由于经济落后,村民文化程度不高,对现代体育项目还缺少一定的了解和认知,强力推行现代体育项目的做法不一定能取得理想的效果。民间武术的开展受场地影响较少,人数多寡不限。另外,民间武术在修炼的过程中讲的是内外兼修,身心合一的思想,讲的是"内练精气神,外练筋骨皮"的效果,使身体和精神状态都能得到全面的提升,把身心健康有机地统一起来,促进人的身心全面、和谐发展。植根于陇南大地的民间武术就是在农村、村落千百年来形成的体育文化,形成很成熟的拳理、套路,多种练功的方法,有很好的健身价值。民间武术自带民族烙印,村民对它有很深的认同感,这样能够积极参与,从而达到健身活动的目的。陇南经济比较落后,大多数村落处在高山峡谷之中,交通不便,气候变化真是"十里不同天"。现在政府部门在一些村落推行现代体育项目,这是"舍近求远"的做法。现代体育是以奥林匹克体育为主流的西方体育形式。是源于古希腊、罗马的西欧文化,它是经过文艺复兴和工业革命,在工业生产、市场竞争的社会条件下,以城市为中心发展起来的,是以竞技运动项目为特征的一种体育文化。陇南好多农村在早些年前,农民在业余时间就有习武的习惯,特别是在春节期间,会举行武术表演,相互切磋技艺,还举行耍社火、舞龙、耍狮子等村落文艺民俗活动,从而达到既健身又能交流情感的目的,另外,能够改善人际关系,建立健康、合理的生活方式,创造文明、和谐的农村环境。在逢年过节时进行表演,特别是在正月闹社火期间更是对节日的点缀。民间武术具有技巧性、观赏性、表演性,更具有娱乐性,是农村重要的文化活动之一。在陇南农村大力开展民间武术活动,有利于丰富陇南地区人们的精神生活,抵制低级的生活情趣。总之,武术有利于人类生理、心理素质水平的协同提高。

一、有利于政治和谐

虽然中国历史发展过程中的一些特殊时期由于政治需要制约了武术的发展,但总体来说武术对国家政治的影响起着积极的作用。中华武术博大精深、门派众多,无论少林、八卦、还是形意,在传授武艺之前都会把武德放在首要位置。"忠心爱国、厚德载物、立身正直、以礼待人、谦和、仁爱"的品德修养是武德的主体思想。先辈常讲:"浇花先浇根,教人先教心。"同时强调学武的目的首先是为了安邦救国。所以,武术

第七章 武术及陇南武术文化的社会功能

的传授也是爱国主义教育的重要途径。所以说,武术的发展有促进国家政治的安定与有序的作用,而安定有序的国家政治秩序又是经济建设的保障。我国历代爱国志士在国家危难之际,凭着自身高超的武艺而奋不顾身的例子数不胜数。实行尚武与崇德的教育,可以陶冶人们的思想情操,激发起国民强烈的民族自尊心和自豪感,它使民族情感得以抒发、爱国热情得以张扬、民族凝聚力得以加强,它会在很大程度上保证我国内部的政治稳定。

二、有利于经济和谐

经济快速、协调、有序的发展是构建社会主义和谐社会的物质基础。在 21 世纪的今天,体育产业化使得快速发展的世界经济出现了新的格局。武术作为中国传统体育项目,内涵丰富、形式多样,不但有人人皆知的少林功夫,而且还有风靡全球的太极拳,其市场的开拓有着不可估量的潜力。所以说,以中国武术为代表的体育产业在世界范围内有着很大市场潜力,同时也可大大带动我国旅游业的发展。现在中国武术产业已初步形成了覆盖面宽、门类齐全、经营方式灵活多样、效益可观的良好发展态势。首先,各种武术表演、比赛以及武侠文学和影视,在丰富人们文化生活,满足人们精神文化生活需求的同时,也带来了巨大的经济效益。其次,武术作为一种劳务,在进行武术教学训练以及辅导等活动时,也具有一定的经济效益。另外,作为一种社会资源,武术还能够带来与其相关产业的发展,如武术服装、器材以及各种武术书籍、期刊、音像制品等武术附属产业的发展。总之,传统体育产业的发展和兴起,不但促进了国民经济的增长,而且在一定程度上解决了社会的就业问题。

通过习练武术能够增进身心健康,提高学习、工作效率,增强劳动者身体素质,进而促进社会生产力的提高。马克思主义理论认为,人是生产力要素中最活跃的,也是首要的因素。健康是一个人全面发展的物质基础,没有强健的体魄和良好的心理素质很难适应现代社会迅速变化的工作和生活节奏。健康对一个人、家庭来说可以说是财富,往往在脱贫攻坚中因病致贫的比比皆是。有了健康的身体,才能提高劳动生产力,良好的身体素质也是国家战略所需要的。武术练习不但可以强身健体、愉悦身心,还可以防病祛病、延年益寿。武术文化是由广大的人民群众创造的,是民族进取精神的体现。武术练习活动使民众开怀,积极向上,对生活更加的充满乐观,勇于面对生活的困难和挫折。达到提升人力资源的有效途径。同时举行武术竞赛活动能够锻炼人的拼搏意识和吃苦精神,对提高劳动生产率同样具有积极作用。

三、有利于社会文化和谐

和谐文化是构建和谐社会的价值导向、智力支撑和精神武装,也是维系社会发展的精神支柱和纽带。《中共中央关于加强社会主义精神文明建设若干重要问题的决议》指出:"社会主义道德以为人民服务为核心,以集体主义为原则,以爱祖国、爱人民、爱劳动、爱科学、爱社会主义为基本要求,开展社会公德、职业道德、家庭美德教育,在全社会形成团结互助、平等友爱、共同前进的人际关系"。德作为武术运动中的一种意识形态,传承着中华民族优秀传统伦理道德规范,是社会的公正原则。习武者崇尚武德,在交流交往中的礼仪规范等道德观念已经深入一代又一代人的心中,影响和规范着人的言行,对人们道德素质的提高和人类文明进步起着导向和推动作用。这种传统道德文化对人们道德水平的影响有利于互助友爱、文明礼貌、诚实守信等文化氛围的形成,能促进社会文化和谐和安定。中国武术文化是中华民族优秀的传统文化的结晶,它体现中华民族对攻防技击的理解和经验积累,以及自立、自卫、自强的精神,同时也显示了中华民族的审美情趣、哲学思想等民族文化特征。随着全民健身计划的深入开展,民众的健康意识不断增强,体育锻炼已成为人们生活的一部分。传统武术运动内容丰富、形式多样、风格独特,可以满足各类人群的不同需求,所以具有广泛的民众基础。以少林拳、太极拳等为代表的传统武术,经过长期习练可以起到强身健体、改善精神面貌、促进心理健康功效,在当今的全民健身运动中有着不可替代的作用。国家武术表演团体不但承担着国际和国内大型武术文化交流活动任务,而且还在不断改善、创新一个又一个的大型武术舞台剧目。人们通过参与、观看、欣赏各种武术活动,可以得到健康美、形态美、服饰美、道德美等美的精神文化享受,它在丰富人们业余文化生活的同时也营造了健康向上与和谐的文化氛围。

第八章　陇南武术文化传承与开发

陇南武术在中国传统武术中占据着重要的位置,在新时代背景下,受当前大环境的影响及西方竞技体育的冲击,陇南武术的发展也像其他民族传统体育一样难免受到一定的阻碍。如何冲破这些阻碍,促进陇南武术的现代传承与发展是一个值得深思的课题。本章就针对陇南武术文化如何传承与开发做深入细致地研究与分析。

第一节　陇南武术传承

一、开展武术多渠道的传承

在建设社会主义文化强国、增强我国文化软实力时,我国优秀的传统文化,独特的理念以及智慧,无疑为实现中华民族伟大复兴的中国梦,增添了许多我国人民和民族的自信与自豪感。武术是一种文化形态,所以武术都带有深深的传统文化的影子,尤其是地方性的小拳种更具有地方性特色,其拳术风格、拳术特点都带有深深的地域性色彩。但对于武术来说都有个共同点,那就是它的传承方式具有中华文化特点,其传承方式,无论是"师徒制""学校武术教学"或者是"口传身授"的传承方式都是以人为核心,这说明传承人在武术传承的过程中具有重要作用。

（一）开展多形式的传承与推介

地方性小拳种深深地扎根于其发源地,是其地域文化的代表之一,是人民的精神价值、心灵依托的所在。地方性小拳种作为一种文化活动和文化现象,它依赖于陇南的全面发展,集中体现了陇南武术文化的特征。由于小拳种普及范围本就不及其他较为流行的拳种的发展,而且传统武术的传承都是靠传承人在传授和传播,但是依靠传承人的力量来传播传统武术和传统武术文化还是略微薄弱,不利于小拳种的传承与发展。所以,我们要学会与时俱进的理念,在沿袭师承制的前提下拓宽传承渠道,不能固守着自己的一方水土,保密而不向外传。通过办好民间武术馆、俱乐部,特别是劝说民间武术拳师将自己的技艺广泛教授给其他非亲属的弟子,使他们了解到武术传承的重要性。

为加速推进民间武术体育资源尽快进入市场,除了帮扶和鼓励民间拳师开办"武馆"、办班收徒传艺,应尽快建立民间武术专职管理职能部门,推进民间武术资源公司的建立与民间武术结构重组,构建职能部门领导下的中介机构组织,专门从事民间武术的竞赛、表演、组织、管理、运作及无形民间武术资产的开发和经营。

(二)加大学校传承的力度

学校是人们知识不断积累与创新的场所,老师承担着文化传递的义务与责任。武术教师有传授与弘扬中华武术的职责,而且学校的学生文化素质与综合素质都较高,有利于对武术文化的理解,有利于武术文化的传承,因此学校教育是武术传播与继承的有效途径。武术是中国历史上传统教育的重要组成部分,虽然中国历来重视文化教育,但从来不忽视强身健体和运动素质的培养,武术作为中国特色的身体文化形式,不仅具有现代体育的功能——强身健体,同时作为一种系统整体性的文化载体,兼具德、智、美及促进人个性发展与完善等的社会文化教育功能。

我国早在公元前 2000 多年前的夏代就已有学校教育,在商周时期的学校中就出现了武士教育,射术是当时武士教育的重要课程;周代的"六艺"教育,"礼、乐、射、御、书、数"中的前四艺中均有丰富的武术教育内容,"射、御"是车战很重要的军事技能;"射"是射箭的方法,"御"指驾驭战车之术,为军事武艺专门课程;"礼"中有不少习武与习礼相结合的内容,如射礼、田猎等;"乐"中的各种武舞更兼有武术与舞蹈内容,不少武舞执弓矢、斧、干戚等,实质上可说是武术器械套路的演练。周代的六艺教育,强调文武兼备,并重视礼仪道德的培养,对武术的发展起了极大的促进作用。

民间武术很重要的内容是讲武德,武德是武术文化的重要内容,一

第八章　陇南武术文化传承与开发

个习武之人如果没有高尚的道德情操作支撑是不能称其为真正的武人的。习武是提倡健身、修身，不以强欺弱，不畏强暴，追求自由的反抗精神。"遵师命，守师训"的尊师思想，礼让谦恭、敬老亲贤的社会道德。重义轻利，见义勇为，讲求诚信也是一贯的教育传统，古代尚武之士崇尚"义"和"勇"，是为了百姓利益，打击的是有损国家和百姓利益的小人、恶人。这种伸张正义，以国家和百姓利益为重的美德，是历代大多数习武人士所奉行的人生价值准则。习武提倡内外兼修，德艺兼备，成为启迪人生的入世之学。古往今来，武术的传授也一直把道德教育作为整个武术教育的中心，强调武艺传授的道德化，使技艺和道德修养有机地结合起来。

武术在其发展过程中形成了有着丰富精神内涵与精湛技术体系的文化传统，将中华民族的思维方式、价值观念、情感体验、审美情趣、文化认同与身体运动有机地结合在一起。作为一种以技术为载体的文化形态，中国武术所追求的不是单纯的身体技艺，而更为重要的是展示和体现一种精神。武术是在中华民族农耕文化状态下所孕育出来的一种体育运动形式，是以儒家"天人合一"哲学基础，以崇尚礼让、宽厚、平和为价值取向，蕴含丰富的文化内涵的体育形态。武德是中国武术文化的重要内容，是武术伦理观的核心。武德的软性约束力是习武者在中华文化及各门派戒律的长期熏陶下形成的一种内在制约机制。在前人习练武术的过程中非常重视武德的修炼，如拳谚"未曾习武先习德""未曾学艺先习礼"等，反映出前人对习武者的道德品质的重视和严格要求。在学校武术教育中武德教育也应当成为其不可或缺的重要内容。

在学校教育体系中，武术发挥着极其重要的作用。在身体机能上，武术具有强身健体的功能，武术对人体神经系统、内脏系统、呼吸系统等起着积极的作用，不仅可以增强学生的抵抗力，而且可以缓解学生的学习压力，降低学生身心的疲劳，培养学生坚强的意志品质，并且对学生思想品德的教育有积极的作用。学校是各类人才的诞生地，是人类文化知识传承与发展的桥梁，在民族文化的传承与发展中所发挥的作用是无形的。开展学校武术教育的主要目的，除了强健体魄之外，还为了弘扬民族精神、传承民族文化，使广大青少年学生增强爱国主义精神，学习了解和传承我国优秀的民族传统文化。把武术作为中小学体育课程资源，在学校中进行传播，吸引青年人爱武、习武的习惯，让青年人在习武的过程中懂得武术的内涵。学校可以聘请相关的民间武术传人给学生传授某项民间武术,促进传统文化在学校的传承,拓宽了这些民间武术传人教授武术的途径,通过这些举措来拉动陇南武术文化的推广渠道。

(三)借助媒体加大对武术的宣传力度

对民间武术传播和影响要借助于现代媒体的作用,通过电视等媒体的宣传报道,报道一些陇南的优秀武术名师,在举行武术赛事时报道一些优秀的武术选手,介绍一些拳种的历史文化,讲述一些民间武术的健身知识。对于有一定地域影响的拳种打造品牌项目,发掘其社会文化、经济和环境的潜在价值或扩大其现有经济、社会、生态环境的效益,构成大型民族体育产业集团组织,创建适合于广大民众的健身活动。另外,可以以影视产品的方式展现民间武术文化,向民众提供具有武术特色的作品。也可以搜集陇南籍贯武术名人的故事编撰成影视作品。如《少林寺》在20世纪80年代播放后家喻户晓,可以说影响了一代人。让现代媒体的介入使民间武术提高传播效率和影响力。

二、以非遗工作为抓手开展保护与传承

文化强国战略对于提高我国文化软实力以及我国文化的国际影响力有重大推动作用,自从2011年提出了"文化强国"这个长远战略,我国文化影响力不断增强,中华文化经过五千多年的沉淀,其优秀的传统文化源远流长,璀璨辉煌。这是我国独特的精神标识,一直以来我国的发展都植根于优秀的传统文化肥沃土壤之中,这是延续和发展中华文明、促进人类文明的重要动力。

民间武术的传承是人为载体的活态传承,只有资助和保护传承人才能确保武术文化的整体继承。所以,政府要监督成立和完善武术协会或成立民间武术管理部门,设立民间武术发展基金,让这些协会或管理部门积极地开展工作,去开展陇南民间武术的普查工作,整理拳宗谱系。另外,为民间武术的交流搭建平台,不定期地举行民间武术比赛活动,让这些民间拳师有一个切磋交流、展示的机会,通过比赛调动民间习武者的积极性,比赛获得头彩是对艺人的鼓励。这样让更多的人了解和感受民间武术的魅力,从而推动陇南武术文化的繁荣发展。

陇南武术具有作为非物质文化遗产所具备的世代相承、与群众生活

第八章 陇南武术文化传承与开发

密切相关、具有文化表现形式、有文化生存空间的多个要素,但陇南武术的非物质文化遗产保护严重不足。加强对陇南民间武术非物质文化遗产保护工作的推进,是民间武术保护、传承与发展的重要手段。要积极开展陇南武术非物质文化遗产保护发展工作,对具备非物质文化遗产保护条件的武术内容形式以传统体育、游艺与杂技武术类的形式进行武术的申遗工作。加强对陇南武术拳种的挖掘保护,建设一批不同层级的具有代表性的武术非物质文化遗产保护名录及传承人,形成陇南武术保护、传承与发展的稳定衔接模式。此外,随着社会信息数字化的发展,非物质文化遗产保护方式也不断多样化,对优秀传统文化的发展逐步突破传统的保护方式,呈现出多样化、数字化的时代保护方式。可借助互联网技术、数据库、村级博物馆等手段对陇南武术非物质文化遗产进行保护。

武术是中华文化的重要组成部分,武术"高于体育,属于文化"[1],民间武术作为非物质文化遗产,是闻名于世的中华武术的根基,他的当代价值在于文化价值。非物质文化遗产保护是一项长期的系统的文化保护工程,具有比较完备的层级保护体系,即:国家级、省级、市(州)级、县级四级保护体系,对优秀传统文化的保护极具现实意义和时代意义。民间武术的发展在现今社会中表现出极其艰难与脆弱的生存现状,面临着生存环境的变迁、武术拳种的失传、传承人的断层等多重内外部困境,如今,非物质文化遗产保护已是武术传承发展的重要方式之一,既是一项长期的可持续的系统工程,同时也是民间武术传承与发展的重要手段。陇南武术要积极申报各级非物质文化遗产,通过"申遗"的这种做法使传承人享有尊重权、发言权,也可以得到专项经费的资助,对杰出的武术家、传承人的功绩要给予肯定和支持,并且对濒危的武术拳种流派,建立紧急措施进行抢救保护。

---

[1] 郭玉成.中国民间武术的传承特征、当代价值与发展方略[J].上海体育学院学报,2007,31(2):41-43.

第二节　陇南武术开发

一、陇南武术与旅游业融合发展

陇南气候分布上分北亚热带、暖温带、中温带三大类型,地形地貌有高山峡谷、盆地交错,气候垂直分布,地域差异明显。这些特殊的气候、地貌特征孕育出了丰富的旅游资源,有国家4A级景点,有多处国家级森林公园,形成原生态自然风光、民族风情旅游特色。陇南是中国历史上第一个封建帝国秦王朝的发祥地,秦始皇先祖在礼县繁衍生息数百年才奠定了雄立关中、定鼎中原、统一六国的千秋基业。比较著名的人文景观有礼县先秦文化遗址、祁山三国古战场、西和仇池国遗址、阴平三国古栈道。这些古代军事与战场为陇南的广袤大地留下许多的武术资源,独特的地理位置还造就了文化的多元特色。既有古代氐、羌、藏等民族文化与汉文化的大融合,又有秦陇文化与巴蜀文化的大交汇,其独特的民俗风情使陇南具有独具特色的人文和自然景观。在陇南打造人文和生态旅游的情况下,大力开发优秀的武术文化与旅游的结合,对陇南的经济发展有很大的贡献。由于陇南有丰富的旅游资源,在大力开发生态旅游资源的过程中,做好文化与旅游资源融合,特别是陇南民间武术是沉淀、发展与这一地域的优秀文化。武术具有娱乐、竞技、审美、健身等多种功能,在旅游景点进行武术节目的表演,增加陇南旅游的人文性、观赏性,打造区域性文化品牌项目。把民间武术与旅游结合起来,不但能够促进陇南各地区经济的发展,而且可以使民间武术得到传播和推广,扩大其影响,使民间武术得到健康持续发展。

二、民间武术与新农村建设相结合

中共中央、国务院在《关于推进社会主义新农村建设的若干意见》中提出,要"构建农村公共文化服务体系。推动实施农民体育健身工程。积极开展多种形式的群众喜闻乐见、寓教于乐的文体活动,保护和发展有地方和民族特色的优秀传统文化,创新农村文化生活的载体和手段,

第八章　陇南武术文化传承与开发

引导文化工作者深入乡村,满足农民群众多层次、多方面的精神文化需求"。其具体发展目标是生产发展、生活宽裕、乡风文明、村容整洁、管理民主等方面的要求。就是让农村要在文化、经济等方面得到很大的提升,使城乡一体达到小康社会,体现一种和谐发展的理念。

(一)促进陇南农村精神文明建设

民间武术具有深深的民族烙印,村民对它有很深的认同感,这样能够积极参与,从而达到健身活动的目的。陇南经济比较落后,大多数村落处在高山峡谷之中,交通不便,气候变化真是"十里不同天"。民间武术植根于我国农耕文化,以自足自给的小农经济为基础的社会环境中,在习惯了和谐、宁静及相对稳定的生活方式中存在。在陇南农村由于经济落后,村民文化程度不高,对现代体育项目还缺少一定的了解和认知,强力推行现代体育项目的做法不一定能取得理想的效果。民间武术的开展受场地影响较少,人数多寡不限。另外,民间武术在修炼的过程中讲的是内外兼修,身心合一的思想,讲的是"内练精气神,外练筋骨皮"的效果,使身体和精神状态都能得到全面的提升,把身心健康有机地统一起来,促进人的身心全面、和谐发展。

当下人们过分追求经济发展,再加外来文化的冲击,人们的生活态度、价值观念发生了很大变化,村民开始贪图享受有刺激的生活,更受当地经济滞后的影响,陇南民间武术在当地开展受到淡化和冷遇。在构建社会主义新农村的今天,民间武术的内容丰富、形式多样,在进行农村精神文明建设中,应将陇南民间武术视为该地区精神文明建设的重要内容,重视武术讲究的"尊师重德""礼让谦恭""趋义避利""形神合一"的思想。民间武术在农村有悠久的传播历史和丰厚的群众基础,几千年来,在物竞天择、适者生存的社会和自然环境里,武术能滋生繁衍、常青不衰,有其自身存在的价值。它不仅是个技艺问题,而且是一种文化现象,是经过千锤百炼凝聚而成的一种优秀的传统文化。[①] 将优秀的民族文化内化为农村居民讲礼节、讲规则、有道德的精神风貌,这是我们新农村建设的重要内容。

---

① 国家体委武术研究院.中国武术史[M].北京:人民体育出版社,1997:310.

(二)促进村民和谐的人际关系

民间武术是以村落为基础在一定的地域内,在长期的生产和生活中,在政治、经济与文化的长期影响和渗透之下,凝结而成的一种技艺,具有浓郁的民族文化特性,防身、健身、修性等多功能。武术文化是中华文化的重要组成部分,民间武术更是中华武术的根。中国武术文化讲的是内外兼修,道法自然,天人合一的宇宙哲学思想。武术文化"视人体身心和谐为真,人际和谐为善,天人和谐为美"[1],和谐是民间武术文化发展的根基。民间武术具有促进农民身心健康,促进农村文化建设,形成健康文明的生活方式。这些是构建和谐社会的需要,是建设社会主义新农村的重要元素。

民间武术产生于农耕文化,扎根于农村,在一定的地域内传播,这一地域的村民对民间武术文化有认同感。武术在与中国传统文化的协同发展中,自然地融汇中国传统哲学、伦理、美学、医学、兵法等传统文化的思想与内容,形成武术技术与中国传统文化合二为一的武术文化[2]。民间武术重精神、重武德、重修养,即使在切磋技艺的时候也是点到为止。民间武术的传承方式是血缘、师徒式传承,在收徒的过程中讲究的是,"未曾习武,先习德"。师徒传承双方是模拟血缘关系的"师父"与"徒儿","一日为师,终生为父"。这种师父视徒为"儿",徒弟视师为"父"的模拟"家"的情感,这种模拟血缘而建立起来的师徒关系将习武群体联系在一起,形成坚实而又牢固的人际关系。习武者经过长时间的相处,他们共同学习和训练,相互交流,相互切磋,共同提高,在这个交往过程中,他们将自己的爱好和情感完全融入习武实践中了,使得成员之间产生了感情。如果在农村大力发展或推行民间武术,可以改善人际关系,以武术为平台增进人的亲和力。

---

[1] 申国卿,胡伟华.和谐社会的构建与武术文化的发展[J].武术科学,2006,3(5):1-3.
[2] 郭玉成.中国民间武术的传承特征、当代价值与发展方略[J].上海体育学院学报,2007,31(2):40-44.

参考文献

[1] 张绰庵,韩红雨,马振永.对河北民间武术历史文化特征及其成因的初步研究[J].山东体育学院学报,2008,24(10):29-30.

[2] 王俊奇.武术文化形成与地理环境关系[J].北京体育大学学报,2010,33(12):38-39.

[3] 葛剑雄.葛剑雄演讲录[M].太原:山西古籍出版社,2007.

[4] 金恩忠.国术名人录[M].山西:山西科学技术出版社,2000.

[5] 王晓东,郭春阳.从分化到异化:对武术门派产生和发展的理性思考[J].首都体育学院学报,2013,25(6):501-503.

[6] 王俊奇.武术文化形成与地理环境关系[J].北京体育大学学报2010,33(12):37-40.

[7] 郭玉成.中国民间武术的传承特征、当代价值与发展方略[J].上海体育学院学报,2007,31(2):41-43.

[8] 申国卿,胡伟华.和谐社会的构建与武术文化的发展[J].武术科学,2006,3(5):1-3.

[9] 国家体委武术研究院.中国武术史[M].北京:人民体育出版社,1997.

[10] 西和县地方志编纂委员会.西和县志[M].西安:陕西人民出版社,1997.

[11] 礼县地方志编纂委员会.礼县县志[M].西安:陕西人民出版社,1999.

[12] 武都县地方志编纂委员会.武都县县志[M].北京:生活·读书·新知三联书店,1998.

[13] 宕昌县地方志编纂委员会.宕昌县县志[M].兰州:甘肃文化出版社,1995.

[14] (清)黄泳.成县新志·四卷[M]台湾:成文出版社有限公司,

乾隆六年.

[15] 罗卫东.陇南史话[M].兰州:甘肃文化出版社,2004.

[16] 韩博文,陈启生.陇南风物志[M].兰州:兰州大学出版社,1996.

[17] 申国卿.河北武术文化[M].武汉:湖北人民出版社,2013.

[18] 蔡宝忠.武术与文化[M].太原:山西科学技术出版社,2015.

[19] 于志钧.传统武术史[M].北京:中国人民大学出版社,2017.

[20] 邱丕相.武术文化传承与教育研究[M].北京:高等教育出版社,2011.

[21] 郝洪涛.甘肃历史人物[M].兰州:甘肃人民出版社,2007.

[22] 康昱明,李金峰.甘肃茶马古道文化线路遗产探究[J].农村经济与科技,2020,31(11):281-283.

[23] 杨宁宁.论茶马古道的文化内涵[J].西南民族大学学报(人文社会科学版),2011,32(1):8-14.

[24] 王曼利,王玉玲.秦岭古道及文化的传播[J].文化学刊,2020(10):10-12.

[25] 万晶.陕甘茶马古道康县段历史文化廊道构建研究[D].西安:西安建筑科技大学,2020.

[26] 陶雅萌.陇南羊皮扇鼓舞的表演形式与祭祀思想探析[J].戏剧之家,2016(11):17-18.

[27] 赵子建.武术在构建和谐社会中的价值及其实现策略[J].体育文化导刊,2012(3):125-129.

[28] 熊文彬.蕃尼古道及其历史作用[J].中国藏学,2020(1):38-48.

[29] 燕仲飞.陇南社火调查研究初探[J].社科纵横,2008(3):115-116.

[30] 张承荣.陇蜀古道[M].成都:四川大学出版社,2016.

[31] 紫蔷.陇南羊皮扇鼓舞杂说[J].天水师专学报,1991(2):119-120.

[32] 马文友.论弘扬武术对构建和谐社会的重要功用[J].吉林体育学院学报,2010,26(1):126-127.

[33] 吴保占.论武术表演文化的价值功能及其实现[J].体育文化导刊,2017(9):44-48.

[34] 石旭东. 甘肃陇南武都高山戏音乐文化特征与演唱实践研究[D]. 兰州：兰州大学, 2019.

[35] 蒲向明. 论陇南玉垒花灯戏的形成与当代化改造[J]. 东方论坛, 2018（5）: 33-39.

[36] 吴卫军. 甘肃康县"棒棒鞭"的传承困境及发展对策研究[J]. 甘肃高师学报, 2014, 19（5）: 117-119.

[37] 侯顺之. 独特的陇南"社火拳"[J]. 天水师专学报, 1986（3）: 72-74.